Christa Monks

Mit Bahn und Rad
durch Rügen, Ostfriesland und
Schleswig-Holstein

Steiger-Radführer

Christa Monks

Mit Bahn und Rad durch Rügen, Ostfriesland und Schleswig-Holstein

**55 Farbabbildungen, 37 Kartenskizzen
und eine Übersichtskarte**

Steiger-Radführer

Die Autorin:
Christa Monks ist seit 15 Jahren als freie Autorin im Outdoorbereich tätig. Ihr Spezialgebiet sind Rad-
tourenführer. In den letzten 2 Jahren hat sie für die Serie "Mit Bahn und Rad" gemeinsam mit ihrem
Mann Paul, der fotografierte, Deutschland erkundet.

Die Deutsche Bibliothek – CIP-Einheitsaufnahme

Monks, Christa:
Mit Bahn und Rad durch Rügen, Ostfriesland und Schleswig-Holstein /
Christa Monks. Augsburg : Steiger, 1996
(Steiger-Radführer)
ISBN 3-89652-009-1

Alle Informationen und Hinweise ohne jede Gewähr und Haftung.

Gedruckt auf chlorfrei gebleichtem Papier.

Steiger Verlag
© 1996 Weltbild Verlag GmbH, Augsburg
Alle Rechte vorbehalten
Kartenskizzen: Ingenieurbüro für Kartographie Heidi Schmalfuß, München
Layoutentwurf: VerlagsService Dr. Helmut Neuberger & Karl Schaumann, Heimstetten
Satz und Layout: Gesetzt aus 10/11 pt Syntax von Bernd Walser Buchproduktion, München
Umschlaggestaltung: Steinkämper Grafikdesign, Igling
Reproduktion: Mayr Reprotechnik GmbH, Donauwörth
Druck und Bindung: Interdruck Leipzig
Einbandvorderseite: Neuharlingersiel (IFA-Bilderteam, München/Foto: Comnet);
Einbandrückseite: Fahrradausflug in Schleswig-Holstein (IFA-Bilderteam, München/Foto: Fischer);
S.1: Mit dem Fahrrad unterwegs nach Ostfriesland; S. 2/3: Pferdefuhrwerk auf Rügen

Bildnachweis:
Fremdenverkehrsgesellschaft mbH Krummhorn-Greetsiel: S. 35, 40, 45, 46, 48;
Dr. Paul Kußmaul, Landau: S. 91;
Jörn Stapel, Erlangen: S. 63, 65, 69, 71, 73, 74, 75, 77, 83;
Verkehrsverein Aurich/Ostfriesland e. V.: S. 51, 53, 55;
Verkehrsverein Emden: S: 58, 59; alle anderen Aufnahmen stammen von
Paul Monks, Landau-Mörzheim

Printed in Germany

ISBN 3-89652-009-1

4

Inhaltsverzeichnis

Zeichenerklärung

 Ausgangsort

 Ziel

 Tourenlänge

 Etappen

 Steigung

 Gelände

 Karte

 Sehenswertes am Weg

Einkehrmöglichkeiten

Übernachtungen

List

Dänemark

35

Westerland
Sylt

36

34 Seebüll

Tinnum

Hörnum 37

33 Niebüll

Flensburg

26

Gelting 25

Föhr 32

Kappeln 24

Amrum

H a l l i g e n

Schleswig

23

Hooge 30

22

Eckernförde

Pellworm

31

21

N o r d s e e

Husum

Tönning

Friedrichstadt

St.-Peter-Ording 29

27

Rendsburg

28

Heide

0   20km

Büsum

Neu

Brunsbüttel

Itzehoe

Spiekeroog

Cuxhaven

Wingst
74

Elmshorn

Ba

Langeoog

Wangerooge

Norderney

Hemmoor

Norderstedt

Juist

Ostbense 7

Stade

Pinneberg

Norddeich 11

Esens 8

Jever

Bremerhaven

Hambur

Norden 12 9

17

Schortens

Bremervörde

Aurich 13 15

Nordenham

Buxtehude

Pewsum 14

Wilhelmshaven

Auricher
Wiesmoor

Jadebusen

Zeven

Buchholz

Emden 10

Ihlow

16

O s t f r i e s l a n d

Varel

Wilseder Berg
169

Leer

A m m e r l a n d

Osterholz-
Scharmbeck

Teufels-
moor

Bad
Zwischenahn

Oldenburg

Bremen

L ü n e b u

Papenburg

Delmenhorst

Achim

Friesoythe

Großenkneten

Rotenburg

H e

Niederlande

Hümmling
73

Weyhe

Soltau

Bassum

Verden

Cloppenburg

Walsrode

Bergen

Meppen

Vechta

Sulingen

Bersenbrück

Diepholz

Nienburg

Celle

Lingen

Stolzenau

Neustadt

Dümmer

*Steinhuder
Meer*

Langenhagen

Nordhorn

Bramsche

Burg

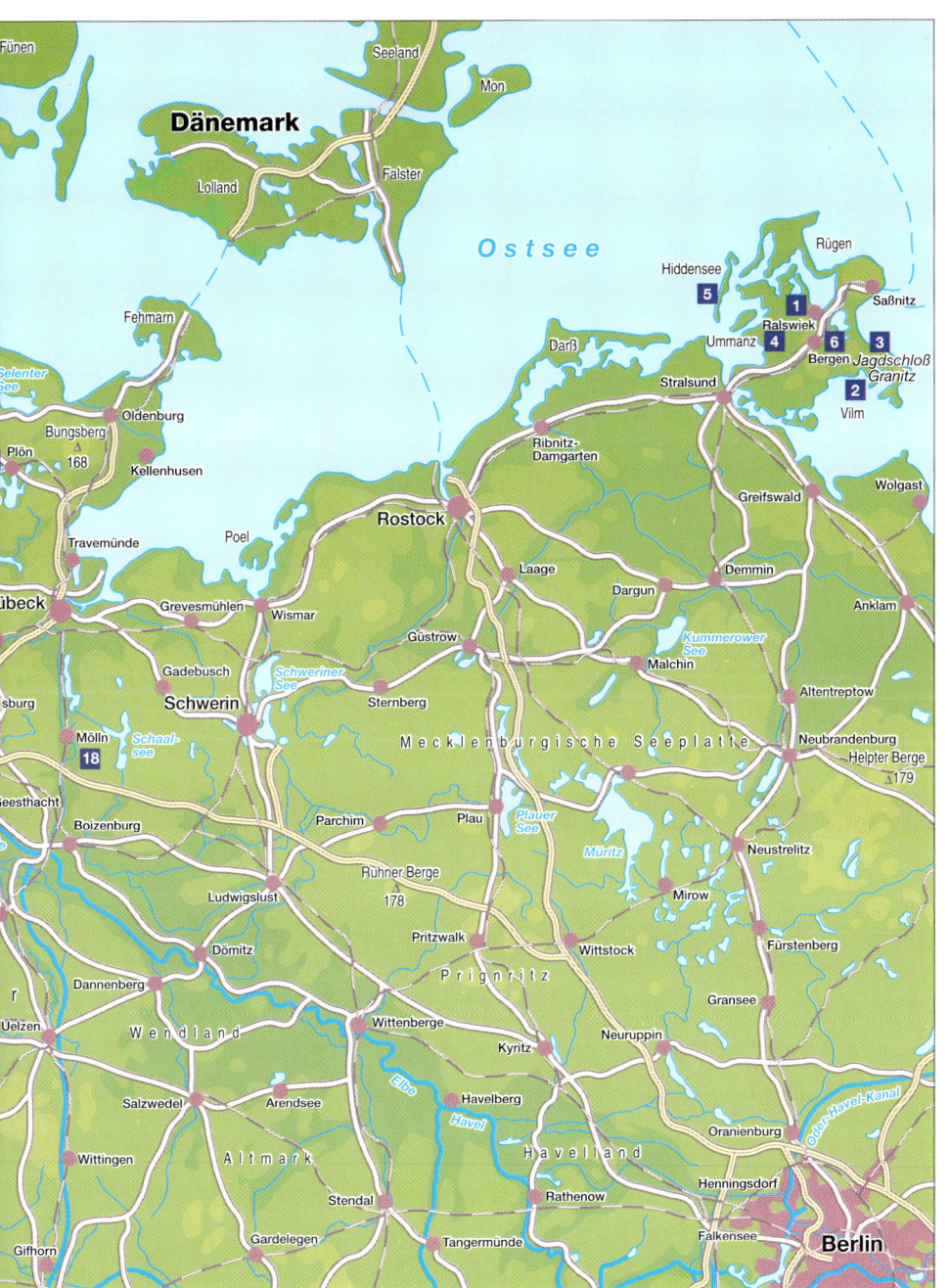

Vorwort der Deutschen Bahn AG

Radfahren als gesundheitsfördernde und naturnahe Form der Freizeitgestaltung erfreut sich zunehmender Beliebtheit. Schnell sind die einheimischen Regionen erfahren, und es locken neue Ziele und Touren in der Ferne.

Was liegt da näher, als Bahn und Rad zu kombinieren und eine unschlagbar umweltbewußte Allianz zu schaffen? Zur erholsamen An- und Abreise über große Entfernungen wird die Bahn genutzt, am Ziel werden Land und Leute dann radelnd erforscht.

Die hier vorliegenden Tourenvorschläge sind so gestaltet, daß ein nahtloser Übergang vom Rad zur Bahn und umgekehrt möglich ist. Die Touren führen durch äußerst reizvolle Landschaften und beginnen bzw. enden jeweils an oder bei einem Bahnhof.

Dank der zahlreichen Details, die gängige Tourenbeschreibungen übertreffen, werden dem Leser ganz spezielle Einblicke in die Besonderheiten der jeweiligen Region und das Naturell ihrer Bewohner ermöglicht. Land und Leute lassen sich dann vor Ort leichter und gezielter kennenlernen.

Allen Lesern und Nutzern wünschen wir jederzeit gute Fahrt.

Ihre Deutsche Bahn AG

Vorwort

Die Bahn, das sind Kindheitsträume – Onkel Eduard dirigiert still und genau das Orchester der Züge im Bahnhof Sulzbach –, das ist der tägliche Weg über die Eisenbahnbrücke von Schweinfurt, das schrille melodische Schreien der Züge, wie der Gesang der Sirenen des Odysseus, und das Fernweh, das einen fast von der Brücke zieht und zu spät kommen läßt.

Das sind die Bahnfahrten den Main entlang: Der Zug folgt dem Silberband des Mains, schroffelsig die Haßberge auf der einen Mainseite, in kleinen steinernen Terrassen schiebt sich der Wein in die Höhe – Handarbeit, Häckerarbeit – und die winkenden Arme meiner Großmutter hinüber zum Zug. Das flatternde weiße Laken im Fenster, das meine Tante ausgehängt hat, um uns willkommen zu heißen, und der Zug rollt vorbei an sonnendurchglühten Weizenfeldern zur Rechten. Die kühle Luft fächelt durch das Bahnfenster. Traumreisen, die schnurstracks in den Himmel der Kindheit führen; und in Ebelsbach ist Endstation.

Jahre später Deutschlands vielfältige Schönheit von Nord bis Süd zu erfahren, war eine Reise in die Vergangenheit und in die Zukunft zugleich, führten doch die Kulturreisen mit Bahn und Rad in alte und neue Bundesländer. Die Bahn überbrückt Entfernungen in Windeseile, das Rad schafft Nähe zu Land und Leuten.

Und so waren diese Bahn-Rad-Reisen Kulturreisen im besten Sinne. Zwei Jahre lang arbeitete ich an diesem Buch, bahnradelte landauf, landab, erkundete Tour um Tour, sammelte Tips für Planung, Organisation und Ausstattung.

Doch ohne gute Freunde und zuverlässige Mitarbeiter wäre dies eine schier unlösbare Aufgabe gewesen, zumal der Radler mit der Geschwindigkeit eines Schmetterlings unterwegs ist – wenn er Glück hat. Und so möchte ich mich an dieser Stelle bedanken – bei allen Freunden, Mithelfern und Mitreisenden, bei den Verkehrsvereinen der Regionen. Mein Dank gilt besonders dem ADFC und der Deutschen Bahn AG, die das Projekt beratend und ermunternd begleiteten. Auf daß das Bahnradeln eine neue Blüte erleben möge!

Christa Monks

Insel Rügen – Perle in der Ostsee

Rügens vielgerühmte Schönheit erhält ihren Reiz durch die landschaftliche Vielfalt. Die »Perle in der Ostsee«, mit 926 Quadratkilometern die größte und schönste der Inseln, ist eine Landschaft der Gegensätze: flach, fruchtbar, landwirtschaftlich genutzt der Südwesten, im Nordosten schließt sich mit dem Rugard bei Bergen – Zentrum der Insel – eine Endmoränen-Bergkette an, die sich über Granitz die Küste entlang zwischen Binz und Sellin fortsetzt, bevor sie steil ins Meer abfällt.

Zwischen die sanften Hügel dieser bewaldeten Endmoränen-Berge schieben sich ausgedehnte Wasserflächen, die **Rügen'schen Binnenbodden**; sie bilden zwei große Halbinseln: die **Halbinsel Jasmund** mit ihrer spektakulären Kreidesteilküste Stubbenkammer und die **Halbinsel Wittow**, deren Wahrzeichen Kap Arkona mit dem weithin sichtbaren Leuchtturm ist.

An dieser vorgeschobenen Nordostspitze walteten einst die Westslaven über ihr Heiligtum in der Jaromarsburg. Aus Sand und Feuersteingeröll entstandene *Nehrungen* verbinden im Norden von

Unterwegs auf Rügen.

Rügen kleinere Inselkerne. Die stärkste Verzahnung von Land und Meer findet sich im Südosten auf **Mönchgut** – bis heute haben sich hier volkstümliche Eigenarten am stärksten bewahrt. Zahlreiche vorgeschichtliche Funde in den Wäldern Rügens zeugen von der Besiedelung der Insel lange vor unserer Zeitrechnung. Die Natur hat hier ein Juwel geschaffen, das Menschen zu allen Zeiten angezogen hat und das es zu bewahren gilt: grün, grün, grün ist Rügen vom Land bis zum Wasser, das noch kristallklar an die weiten, großzügig geschwungenen Küsten schwappt.

Doch auch die Bodden sahen wir, zum Beispiel jenen kleinen **Jasmunder Bodden** mit dem Kainsmal von vierzig Jahren Militärwirtschaft, hochgradig vergiftet von den Abwässern der Armee. Hie und da ein einsames Ruderboot, das eine schmale glitzernde Spur auf der schwarzen dicken Brühe zieht. Jahre wird es dauern, bis der Bodden entsorgt ist, das Wasser wieder Leben hat.

»Rügen soll leben, ja Rügen soll leben«, sangen wir auf unseren Rädern, als wir die schmalen, alleegesäumten Landstraßen entlangfuhren. Ein grünes Dach wölbte sich über den Asphalt, und die Sonne malte runde Kringel auf die Straße zwischen die Schatten der Blätter. Doch auch hier fallen die ersten der alten prächtigen Bäume, um die Straßen der neuen Verkehrssituation anzupassen, Platz für den Moloch Auto zu schaffen. Für Radwege brauchte man keine Bäume zu fällen, man könnte eine schmale Trasse hinter die Bäume verlegen, so daß Fahrbahn und Radweg durch die Alleebäume eine nätürliche

Trennung erfahren könnten.

Geradezu lebensgefährlich war es für uns, einige der Straßen mit den Autos zu teilen – rasen auf schmalen Straßen scheint zum neuen Lebensgefühl zu gehören! Wir wichen auf Feld- und Plattenwege zwischen den Dörfern aus und erfuhren so hautnah von den Nöten und Sorgen der Rügener, denn radelnd kommt man Land und Leuten näher.

Vorbei ging's an stillgelegten LPG's (Landwirtschaftliche Produktionsgenossenschaften) – Geisterstätten gleich in der einsamen Landschaft; vorbei an satten grünen Weiden, an den berühmten »Schwarz-Weißen«, die zweimal am Tag auf der Weide gemolken werden und die herrliche Rügener Milch geben. Doch sorgenvoll war die Miene der Milchbauern an diesem sonnigen Herbstmorgen: Seit der Wende werden Schulen, Krankenhäuser, Altenheime nicht mehr beliefert mit der Frischmilch in der Mehrwegflasche – den Rügenern versucht man die H-Milch aus den alten Bundesländern schmackhaft zu machen. Verschwunden sind die Glasflaschen mit der wohlschmeckenden, gehaltvollen und gesunden Frischmilch. Die Produktion – Jahresabfüllmenge vor der Wende 25 Millionen Flaschen – ist eingestellt, die Flaschen wurden eingeschmolzen. Die Bauern können ihre Milch nur mehr als Käse vermarkten, und die Rügener Müllhalden bersten ob der anwachsenden Verpackungsfracht. Während man bei uns wegen der Umweltbelastung durch den Verpackungsmüll auf die Mehrwegflasche umsteigt, sucht sich die Verpackungsindustrie ausgerechnet hier neue Märkte, wo es vor der Wende bereits ein perfekt funktionierendes Mehrwegflaschensystem gab . . .

Verteilen statt Vernichten, neue Arbeitsplätze in der Landwirtschaft schaffen statt sie wegzurationalisieren wäre einen Versuch wert – und gesünder.

Doch dies war leider nicht der einzige Schildbürgerstreich, den wir auf Radspuren entdeckten. Den Fischern am Fockerstrom geht es nicht besser. Da trafen wir auf eine intakte kleine Vermarktungsgenossenschaft: Fischfang, Räucherei, Verkauf und Gastwirtschaft in einer Hand, geleitet von den Fischern selbst. Doch die roten Zahlen zwingen zur Aufgabe.

Wir saßen auf der Veranda am Flußufer und blickten auf ein zeitloses Bild: auf das Wasser, silbern schimmernd in der Sonne, und auf das Filigran der Netze, die die Fischer zum Trocknen über das Brückengeländer breiteten. Niemals mehr auf unserer Radreise durch Rügen haben wir Schönheit und Vergänglichkeit so stark empfunden wie hier am **Fockerstrom** auf dem Weg nach Ummanz. Wer von der Schönheit dieser Insel schreibt, sollte die Schatten einer falschen Politik, »die die Milch mit dem Fisch ausschüttet«, nicht verschweigen. Es bleibt zu hoffen, daß die Radler, die unseren Spuren folgen, die Fischer am Fockerstrom noch vorfinden.

Nirgendwo haben wir so köstlich zubereiteten Fisch gegessen wie hier. Die Speisekarte mit dem »Kulinarischen Wahrzeichen« Rügens hat hier das Wort: Aalsuppe, Aal gebraten oder geräuchert, Flunderfilet, Dorschfilet, Fischspieß, Fischklops, saurer Hering, saurer Hornfisch, Hechtschnitten nach Art des Hauses und Rotbarschfilet gebraten.

Bahnreise nach Bergen

Eine sonnige Septemberwoche verbrachten wir auf Rügen. Unser Ziel war Bergen, von dieser Stadt – in der Mitte der Insel gelegen – machten wir Sternfahrten in alle Himmelsrichtungen. Doch schon die Anreise mit der Bahn wurde zum unvergeßlichen Erlebnis.

In Karlsruhe bestiegen wir den komfortablen IC »Ricarda Huch«. Der Zug brachte uns denn auch bis Magdeburg. Von da ab gings mit dem D-Zug nach Stralsund, dann weiter mit dem Bummelzug nach Bergen. Wir durchfuhren die fruchtbare **Magdeburger Börde**, an deren Ostrand Magdeburg liegt, größter Binnenhafen am wichtigsten Wasserstraßenkreuz, dem Elbe-Havel-Kanal mit Schwermaschinen- und Anlagenbau. Von weitem grüßt die Silhouette des Doms, doch das Profil der Stadt bestimmt die Industrie; staubig und grau ist das Gesicht Magdeburgs, der schönen »magdlichen« Stadt mit der Jungfrau im Wappen, im Dreißigjährigen Krieg anno 1632 verwüstet. Zeitgenossen nannten die lodernde Feuersbrunst damals die »Magdeburgische Hochzeit«. Im 2. Weltkrieg wurde die Stadt völlig zerstört und im sozialistischen grauen Einheitslook wieder aufgebaut. Von der einstigen Schönheit ein Abglanz: der **Dom** mit seinem kunstreichen Inneren, wo neben den kaiserlichen Figuren aus dem 12. Jahrhundert Ernst **Barlachs berühmtes Mahnmal** für die Gefallenen des 1. Weltkrieges allein den Weg dorthin lohnen läßt. Die erste Fahrtunterbrechung ist angesagt, da wir hier ohnehin umsteigen. Beim Verlassen der Stadt wieder im Zug Richtung Norden fallen die vielen kleinen Schrebergärten auf, womit sich die Leute hier seit fünfzig Jahren ihr eigenes kleines Reich bewahrt haben.

Wir bewegen uns nach Verlassen der Magdeburger Börde durch die flache **Altmark**, vorbei an Schiefer- und Kohleschlackehalden – riesige aufgeschüttete Berge, Mondlandschaft mit abgestorbenen Bäumen, dazwischen wieder gesunder Laubwald. Der Boden märkischer Sand, abgeerntete Weizenfelder, hie und da ein Dorf eingestreut – die Dächer der Spielzeughäuser Eichsfeld, Schutz gegen das niederschlagsreiche, rauhe Klima.

Goldbeck, vorbei an der Zuckerfabrik Goldbeck – roter Sandsteinbau, zerbrochene Fenster, die Gesichter der Men-

Auf Abenteuertour mit Jan nach Buschvitz, Hof in Stadtdorf.

schen müde von der Resignation. **Wittenberge** – gelb-beiges Bahnhofsgebäude. Ganze Familien sind unterwegs auf dem Fahrrad! Riesige Viehherden, die fruchtbaren grünen Wiesen gesäumt von Laubwäldern, grauer Sandboden, Rehe, die fast bis an die Bahntrasse herankommen.

Ludwigslust, dessen barockes Jagdschloß einst Residenz der mecklenburgischen Herzöge war und dem Ort den Namen gab. Ein weltvergessener stiller Ort, dessen einstiger Prunk an der ehemaligen Hofloge besonders prekär wirkt: Er ist meist aus Pappmaché! Auf den sehr einsamen Straßen sind stets Radler unterwegs. Von hier aus fährt der D-Zug nach Rostock.

Auf dem Weg nach Schwerin kommen wir am westlichen Teil der **Mecklenburger Seenplatte** entlang. Wir erreichen den unteren Zipfel vom **Schweriner See**. In der Nähe des Seeufers mit Holzbadesteg zahlreiche kleine Häuschen, von Schrebergärten umrahmt – die Datscha des kleinen Mannes.

Schwerin, die einstige Mecklenburgische Residenzstadt, am Südwestufer des Sees gelegen; bröckelnde Fassaden, schöne alte Schindelhäuser, zumeist reparaturbedürftig. Nach dem 2. Weltkrieg entstand hier ein wichtiges industrielles Zentrum. Wunderschöne Landschaft und links und rechts von uns: zahlreiche kleine Seen, eingebettet in Wald, Viehweiden.

Bad Kleinen – leere Straßen, ideal zum Radeln, Häuser wie in Ostfriesland, Walmdächer, alleebestandene einsame Straßen, und die Seen mit kleinen Inseln in ihrer Mitte, kilometerlange Seen, zum Baden und Segeln geeignet. Das Land Uwe Johnsons, des großen Mecklenburger Schriftstellers – kein Wunder, daß er ein Leben lang Heimweh hatte nach seiner Übersiedlung in den Westen. Pappeln und Birken mit abgestorbenen Kronen, nur der weiße Stamm ragt noch laublos gegen den Himmel, windgebeugte Laubbäume, unendliche Weizenfelder und hie und da ein eingestreutes Gehöft, einsame Straßen, dann wieder Siedlungshäuser, mehrstöckige Mietshäuser, die an die grauen Vorstädte von Glasgow erinnern. Trotz aller Tristesse der Gebäude, die sich an den Seen entlangziehen, triumphiert die Natur: die unberührte Schönheit der Seen, hie und da ein Boot, das auf dem Wasser dümpelt, und ein einsamer Fischer. Unmengen von Seevögeln am Rande. Einsamste schmale Landstraßen diesseits und jenseits der Bahntrasse, eingebettet in endlose Laubbaumalleen – herrliche Radbedingungen! Wir planen bereits eine Radtour durch die Mecklenburger Seenplatte.

Bützow: triste graue Wohnblocks, ein total vergilbtes Bahnhofsschild, das die letzten fünfzig Jahre überstanden hat, flattert im Wind – bewaldet, ländlich, Gänse, Hühner, Bauernhäuser, grau in grau. Eine herrliche Waldstrecke. Auf dem Weg nach Rostock begegnen uns auch die ersten Pferdekutschen, auf einsamen Straßen rollen sie dahin. Unberührte Natur, Wollgras, Seegras im Wechsel mit üppigem Laubwald, dazwischen wie Perlen die Seen eingestreut.

Rostock: abgeblättertes Bahnhofsgebäude, von der Ferne grüßt die herrliche Backsteingotik der Marienkirche. Der größte Überseehafen zu DDR-Zeiten mit Fährverbindungen nach Dänemark war bereits im Mittelalter eine bedeutende Universitäts- und Hansestadt, deren Handelsbeziehungen bis nach Riga und Bergen (Norwegen) reichten. Zwischen Rostock und Stralsund liegt der unberührte **Darß** – ein Landschaftsschutzgebiet, das wir mit den Rädern auf Nebenstraßen gut erreichen dürften. Zahlreiche Künstler haben die Schönheit dieser Landschaft in Bildern festgehalten.

Stralsund, das »Eingangstor« der Insel Rügen, empfängt uns von der Bahnhofsseite her in desolatem Zustand, doch die Altstadt ist in all ihrer – wenn auch restaurierungsbedürftigen – Pracht erhalten. Einst ein Fischer- und Fährdorf, entwickelte sich Stralsund Anfang des 13. Jahrhunderts zur Deutschen Kaufmannssiedlung und wurde 1293 Mitglied der Hanse. Die Altstadt, mit der teilweise noch erhaltenen mittelalterlichen Stadtbefestigung, liegt auf einem Inselkern. Noch etwas von dem Glanz der einst schönsten deutschen Stadt des Mittelalters spürt man beim Anblick der Silhouette Stralsunds: Das Gewirr der Dächer überragen die drei wuchtigen Pfarrkirchen, die gotische **Marienkirche** (1382–1473), die **Jakobinerkirche** (14./15.Jh.) und die **Nikolaikirche** (um 1270). In der Innenstadt die Zierde des Marktplatzes: das rote **Backsteinrathaus** mit der filigranen Nordfassade.

Für eine Stadterkundung zwischen den Zügen stellt die Deutsche Bahn über Privatanbieter Leihräder zur Verfügung. Kurzum, Stralsund ist bestens als Standort geeignet, um die Kultur dieser Region zu erfahren und auch die Inseln Hiddensee und Rügen mit dem Rad zu erkunden.

Kaum ein Kilometer trennt Stralsund von der Insel Rügen, seit 1936 führt der Rügendamm über den »Strelasund«.

Um dem mörderischen Verkehr über den Rügendamm zu entgehen, haben wir uns ein besonderes Bonbon einfallen lassen: Man löst ein Fährbillet nach **Hiddensee** (autofrei), erkundet mit dem Rad die wunderschöne, sehr an Sylt erinnernde Winziginsel – Gerhart Hauptmanns Ferien- und Alterssitz – und schiebt ein paar Tage Badeurlaub ein, ehe man mit der Fähre auf die Halbinsel **Wittow** schließlich nach Breege übersetzt.

Die gut zwei Stunden auf dem gastlichen Fährschiff lassen uns der Schönheit Rügens auf genußvolle Art näherkommen, ehe wir uns auf den Drahtesel schwingen, um die Gegend um Wittow per Rad zu erfahren.

Mein Tip auch hier: immer die Wege zwischen den Dörfern wählen und die größeren Landstraßen meiden. Die sogenannten Plattenwege sind wetterfest, wenn auch das Sitzfleisch gelegentlich protestiert . . .

Alternative: Man setzt von **Vitte** (Hiddensee) ebenfalls mit der Fähre nach **Ralswiek** über, dem östlichen Teil von Rügen.

Für uns wurde das idyllische Ralswiek mit seiner sagenumwobenen Vergangenheit immer wieder Ausgangspunkt für zahlreiche Rügentouren, da es zentral und doch abseits der großen Landstraßen gelegen ist.

1 Schnupper-Tour zum Mittelpunkt der Insel Rügen

Bergen (Bhf.)

Ralswiek (nächster Bhf. Bergen)

ca. 25 km

Bergen – Parchtitz – Thesenvitz – Patzig – Ralswiek – Ralswieker Wald – Patzig – Veikvitz – Ramitz – Parchtitz Hof – Parchtitz

stellenweise leichte Steigungen

vorwiegend verkehrsarme Straßen und landwirtschaftliche Wege

Wir machten uns zu viert auf den Weg. Meine Begleiter waren die Schotten Ena und Leslie und Paul aus England. Als Ausgangspunkt wählten wir **Bergen**. Die Kreisstadt, die geografischer Mittelpunkt der Insel ist, liegt zwischen Stralsund und Saßnitz. Der **Rugard**, eine der höchsten Erhebungen der Insel, hat der Stadt den Namen gegeben. Bergen ist eine stille Stadt, an der der große Verkehr vorüberbrandet.

Wir verlassen den Bahnhof Bergen und radeln fünfzig Meter bis zur Hauptstraße, wo wir links abbiegen in *Richtung Gingst*. Nach etwa zwei Kilometern stoßen wir auf eine Kreuzung, hier biegen wir rechts ein in Großrichtung *Patzig*. Auf schmaler Landstraße erreichen wir nach einem knappen Kilometer das kleine Dorf **Parchtitz**, das für uns Ausgangspunkt unserer Touren ist.

Wir fahren von Parchtitz nach Patzig über *Thesenvitz* – lindengesäumte Straße, rechts und links Weizenfelder, kaum Verkehr, die Straße leicht ansteigend. Wir durchfahren eine idyllische Landschaft, die

Kuppeln der Bäume bilden ein grünes Dach über der Fahrbahn, dazwischen steht Kiefernwald.

Über *Patzig* fahren wir nach **Ralswiek** – geschichtsträchtiger Boden: Ralswiek, vom dänischen »ral« = Kies (der Ort befindet sich auf einem Strandwall aus Kies) und der Endung »wiek« = Bucht, liegt eingebettet zwischen Wald am **Großen Jasmunder Bodden**. Hier befand sich die größte uns bisher bekannte frühgeschichtliche Siedlung Rügens, die ein wirtschaftliches und politisches Zentrum im Stammesgebiet der slawischen Rugianer war. 1963 entdeckten Archäologen aus Schwerin und Stralsund diesen Siedlungsplatz, dessen Reste nicht nur unter den Wohnstätten der heutigen

Vor der Kulisse
des Schlosses
von Ralswiek.

Bewohner liegen, sondern weit darüber hinaus unter zum Teil meterdicken Kulturschichten auch außerhalb der heutigen Ortslage zu finden sind. Ralswiek ist »Störtebeker-Land«, hier gibt es vor dem Schloß eine Freilichtbühne und seit 1992 wird wieder gespielt. Auf diesem Platz am Großen Jasmunder Bodden fand 1959 die Uraufführung von Kubas dramatischer Ballade »Klaus Störtebeker« statt. Neben Schauspielern, Sängern, Tänzern und Musikern des Volkstheaters Rostock wirkten über 1000 Volkskünstler, vor allem von der Insel Rügen, unter anderem als Schiffsbesatzungen, Soldaten, Tänzer und Sänger mit. Unzählige Besucher aus beinahe vierzig Ländern erlebten das Zusammenspiel von Poesie und Geschichte, Kunst und Natur. Am 8. August 1981 fand die 100. Vorstellung der Störtebeker-Ballade statt. Nach kurzer Unterbrechung nach der Wende hat man die Störtebeker Festspiele wieder aufgenommen und spielt alljährlich von Juni bis August.

Die Tour endet mit einem Sandweg durch den Wald von Ralswiek, wo wir die prähistorischen Gräber besuchen. Im **Ralswieker Forst**, den »Schwarzen Bergen«, befinden sich nahezu 400 **Grabhügel** aus dem 12.–9. Jh. v. Chr., und im Bereich des ehemaligen, heute verlagerten Strandes wurden bisher vier große Bootswracks aus dem

Ralswiek: Freilichtbühne, Grabhügel und Museum mit prähistor. Ausstellung, geöffnet Mai – Okt. Di – So 9–16 Uhr. Störtebeker Festspiele, Juni – August, Tel. 03838/313189

• »Forster's Terassenimbiß«, Ralswiek am Seglerhafen, Fischspezialitäten

• Gästehaus Wiesengrund, Familie Bochmann, Wiesenweg 5, 18528 Parchtitz, Tel. 03838/22414. • Diana Giese, Am Ruhwas 5, 18528 Parchtitz, Tel. 03838/ 251707

10./9. Jh. v. Chr. gefunden, die auf den ältesten Hafen Rügens hinweisen. Das alte Ralswiek bietet ein einmaliges archäologisches Ensemble. Die Funde gehen inzwischen in die Zehntausende: Keramik, Schmuck, Werkzeuge, Waffen und handwerkliche Erzeugnisse, welche ehemalige Werkstätten in den Siedlungen belegen. Gegenstände, die auf regen Handel hinweisen: Waagen und Gewichte für das Wiegen von Edelmetallen sowie ein großer arabischer Dirhem-Schatz mit mehr als 2200 Silbermünzen aus der Zeit um 850 vor unserer Zeitrechnung.

Eindeutige Zeugnisse dafür, daß die Rugianer und vor allem die Bewohner des alten Ralswiek weitreichende Handelsbeziehungen pflegten, werden gezeigt in der Ausstellung im Museum für Ur- und Frühgeschichte in Ralswiek. Der Rückweg erfolgt von Ralswiek auf stillen, vorwiegend landwirtschaftlich genutzten Wegen über *Patzig* nach Veikvitz, dann links nach *Ramitz*, weiter über Ramitzsiedlung, *Parchtitz Hof* (einst eine große LPG Kolchose, jetzt vereinsamt liegend), zurück nach Parchtitz, unserem Ausgangspunkt.

2 Von Bergen zur Naturschutzinsel Vilm

 Bergen (Bhf.)

 Insel Vilm (Bhf. Lauterbach)

 15 km

Von Parchtitz geht es ein Stück über die Landstraße nach Bergen (Bergen– Parchtitz vgl. Tour 1). Von Bergen aus erreichen wir Putbus über eine sogenannte *Plattenstraße* durch den Wald, vorbei an kleinen Siedlungen wie Krakow, Neu- und Alt-Güstelitz – eine wunderbare Strecke ohne jeglichen Verkehr. **Putbus**, bereits herrlich restauriert, wurde 1810 angelegt. Der Ort zeigt in einheitlicher Bebauung klassizistische Wohngebäude.

Im schönen englischen **Park** des zerstörten Schlosses befindet sich auch das **Theater** aus dem frühen 19. Jh. Das klassizistische **Badehaus**, (1817–1818) mit Säulenkolonade, hat sich zumindest von außen gut erhalten. Malte zu Putbus, der Erbauer der Stadt, siedelte hier ab 1810 Handwerker an, versuchte den Ausbau des Bäderwesens und ließ außerdem Papiermühlen, eine Zuckerfabrik und eine Heringssalzerei errichten.

Wenn dies auch die wirtschaftlichen Probleme nicht zu lösen vermochte, so zeugen doch Häuser und Anlagen von der Kunstfertigkeit des Bauherren und seiner Erbauer: Putbus zählt zu den *schönsten Residenzstädten Deutschlands*.

Nach **Lauterbach** sind es von Putbus zwei Kilometer auf dem Radweg. In der Nähe des Ortes liegt der **Dolmen**, ein mächtiges Dünengrab. Der kleine **Fischereihafen** ist unmittelbar der Insel Vilm vorgelagert.

Im Hafen von Lauterbach dümpeln kleine Holzboote, Fischerboote in Himmelblau und Weiß, altertümliche Gefährte, die sicher abends auslaufen. Inzwischen ist man auch dabei, einen neuen Jachthafen zu bauen.

Die Insel Vilm war zu DDR Zeiten abgeschiedener Ferienort für die Bonzen. Heute ist sie Naturschutzgebiet.

Insel Vilm

Die Insel Vilm ist etwa 2,5 Kilometer lang und bedeckt eine Fläche von 94 Hektar. Der große Vilm liegt 37,5 Meter über dem Meeresspiegel, der kleine Vilm 21,3 Meter. Beide sind miteinander verbunden durch nacheiszeitliche Aufspülungen (Mittelvilm), entstanden während und nach dem Sturmhochwasser von

Parchtitz – Bergen – Krakow – Ketelshagen – Neu-Güstelitz – Güstelitz – Putbus – Lauterbach – Insel Vilm – zurück auf dem gleichen Weg, oder mit Bummelzug Putbus – Bergen

nicht nennenswert

zum Teil Plattenwege durch den Wald

Herrlich restauriert: Putbus mit seinen klassizistischen Bauten.

Putbus, Dolmen, Fischereihafen Lauterbach, Insel Vilm, Inselführung Mo – Fr 13 Uhr, Anmeldung Putbus 215, Abfahrt am Hafenamt Lauterbach

21

1872. Fast alle an der Ostsee möglichen Küstenformen konnten sich nahezu ungestört von menschlichem Einfluß ausbilden. Neben den hohen Steilufern mit mächtigen Blockkugeln aus großen Findlingen finden wir interessante Küstenformen mit Geestland und eingeschlossenen Lagunen.

Die Wälder sind in ihrer Urwüchsigkeit weitgehend erhalten geblieben. Eine forstliche Nutzung liegt mehr als 100 Jahre zurück; der radikalste Einschlag des Holzbestandes hat in den Jahren 1527–1538 stattgefunden: Bis auf 70 Bäume verkaufte die damalige Besitzerin von Putbus das gesamte Holz nach Stralsund. Lange Zeit diente der Wald auch als Viehweide und lichtete sich dadurch allmählich auf. Das bekannte Ölgemälde »Eichen am Meer« – 1834 von

Carl Gustav Carus gemalt – zeigt schon einen parkartig gelichteten Wald. Der Baumbestand umfaßt heute vor allem Rotbuchen, Stieleichen, Hainbuchen und Bergahorn, vielfach mit einer reichen Bodenvegetation. Beeindruckend für jeden Besucher sind **mächtige Eichen** und die einmaligen **Wildobstbestände**, vor allem auf dem Mittelvilm.

Neben Wald findet man auch *Strand- und Dünenvegetation*, Reste von *Salzwiesen* und *Gebüschformationen*. Hervorzuheben sind die geschützte *Stranddistel* und der aus Steppengebieten Rußlands stammende *Tartarenlattich*.

Die **Tierwelt** der Insel ist erstaunlich vielfältig für einen so engen Raum. Es wurden elf Kleinsäugetierarten festgestellt. Aus der Vogelwelt brüten alljährlich 65 Arten, darunter *Waldkauz, Holtaube, Zwergschnepfe, Brandgans*. Eine Besonderheit ist der Gänsefegel mit etwa 20–25 Brutpaaren – das ist nahezu die Hälfte des Brutbestandes von Mecklenburg. Seit langem brütet der vom Aussterben bedrohte **Seeadler** auf der Insel. Die Vogelbeobachtung lohnt sich besonders auf den Flachgewässern rund um den Vilm vom Herbst bis zum Frühjahr, wenn Scharen nord-

europäischer Enten, Gänse und Schwäne hier halt machen.

Die landschaftliche Schönheit von Vilm zog Maler und Dichter auf die Insel, darunter Caspar David Friedrich, Carl Gustav Carus, Gerhart Hauptmann u. a.

1956 wurde die Insel Vilm durch den Rat der Gemeinde Putbus offizielles Erholungsgebiet. Die Eröffnung einer Gaststätte und das Anlaufen der Insel durch Fahrgastschiffe führten zu schweren Beeinträchtigungen des Naturhaushaltes durch Lärm, Abfall, Stickstoffanreicherung und durch Trittschäden – oft

kamen täglich bis zu 600 Menschen auf die Insel. Schnelles Einschreiten war geboten. Durch eine Begrenzung auf täglich maximal 55 Gäste wurde eine wesentliche Naturschutzmaßnahme in die Wege geleitet. Eine ökologisch sinnvolle Abwasser- und Müllbeseitigung sowie landschaftstypische Bauweise wurden beschlossen. Auf diese Weise konnte ein unersetzbares Stück Natur bewahrt werden. Aus dem bevorzugten Urlaubsziel der »DDR-Bonzen« ist inzwischen ein reines Naturschutzgebiet mit begrenzter Besuchsmöglichkeit (Führungen) geworden.

3 Von Bergen zum »Rasenden Roland« und dem Jagdschloß Granitz

Vom Bahnhof Bergen geht's zunächst nach Lauterbach. Von Lauterbach radeln wir zunächst auf einer Plasterstraße nach Vilmnitz, biegen an der Kreuzung rechts ab, radeln etwa 700 m zum Ortsausgang und erreichen Freetz über einen nicht ausgebauten Weg. Von **Freetz** ist es nicht mehr weit nach **Muglitz**, das nurmehr aus einem Haus besteht, von dem man aber einen hübschen

Blick auf die Insel Vilm hat. Nach weiteren zwei Kilometern erreichen wir **Stresow**. Ehe wir die ausgebaute Landstraße zurück nach Putbus nehmen, fällt uns rechter Hand auf dem Weg nach Lancken-Granitz eine hohe Säule auf, von einer Figur gekrönt; sie erinnert an die Landung der Dänen und Preußen auf Rügen im Jahre 1715.

Nach ein paar hundert Metern relativ befahrener Straße kann

A	Bergen (Bhf.)
Z	Jagdschloß Granitz (Bhf.)
KM	Bergen – Schloß Granitz ca. 28 km; Lauterbach – Schloß Granitz ca. 13 km
	Lauterbach– Vilmnitz – Freetz- Muglitz – Stresow – Binz – Bahnhof Jagdschloß

man geradeaus oder der Abbiegung nach links folgend steuern. Geradeaus passiert man eine Senke in der Waldgegend, man hat dann eine schlechte, aber kaum befahrene Straße Richtung Binz unter den Rädern.

Nach einem weiteren Kilometer haben wir dann den Bahnhof des **Jagdschlosses Granitz** erreicht. Nach einem weiteren Kilometer steil aufwärts erreichen wir Schloß Granitz, nach Entwürfen der Berliner Architekten Steinmeyer und Schinkel von 1837 – 1846 gebaut. Der Bauherr des Jagdschlosses – Malte zu Putbus – entstammt einem alten Rügener Fürstengeschlecht. Er machte sich besonders um Putbus verdient. Heute wird das Schloß – auf der höchsten Erhebung der Granitz gelegen – als Jagdmuseum für Natur

Der über 100 Jahre alte »Rasende Roland« ist Rügens berühmteste Kleinbahn.

und Umwelt ausgebaut. Vom Aussichtsturm hat man einen wundervollen Blick auf die Landschaft Rügens, die einst Schinkel zum Bau des eigenwilligen Schlosses bewogen hat.

Hier kann man die Tour beenden, man hat die Möglichkeit, nach Binz zu radeln oder mit dem Drahtesel zur Haltestelle Jagdschloß Granitz (ca. 1 km) zu fahren und von dort mit der Kleinbahn »Rasender Roland« Richtung Göhren oder Richtung Binz/Putbus zu fahren.

4 Von Bergen zur Insel Ummanz

Wir fahren von Parchtitz (Bergen–Parchtitz vgl. Tour 1) über Gademow nach Willihof, auf Sandwegen durch den Boldevitzer Wald nach Haidhof und von hier auf gerader plattenbelegter Straße nach Gingst. Der Weg führt vorbei an verlassenen Katen.

In **Gingst** unterbrechen wir unsere Fahrt, um **historische Handwerkerstuben** zu besuchen. Die Gingster Weberei war es, die den Ort weit über die Grenzen Pommerns hinaus bekannt machte. Im Weberhaus nahm denn auch die museale Sammlung ihren

Vorbei an verlassenen Katen nach Haidhof.

25

Bergen
(Bhf.)

 Insel
Ummanz
(Bhf. Bergen)

 ca. 50 km

 Parchtitz –
Gademow –
Willihof – Haid-
hof – Gingst –
Ummanz – Var-
belvitz – Murse-
viek – Haide –
Suhrendorf –
Wusse – Freesen-
ort – Gingst –
Bergen

 keine

 z. T. über
Landwirt-
schafts- bzw.
Plattenwege

Auf dem Weg nach Ummanz: bei den Fischern am Fockerstrom.

Anfang. Zahlreiche Funde belegen, daß Gingst seit dem frühen Mittelalter Hand- werks- und Handelszentrum Rügens war. So finden wir die Schuhmacher, Schneider und Weber jeweils mit einer Stube vertreten .

Von Gingst folgen wir der Straße nach *Ummanz*, streifen zwischen Vabelvitz und Mur- seviek den *Vabelvitzer Bod-*

den und erreichen die Brücke am Fockerstrom als einzige Verbindung zur Halbinsel Ummanz.

Die Einkehr in die *Fischgast- stätte am Fockerstrom* (direkt nach der Brücke links, wun- derschöne Lage am Fluß) ist ein Muß für jeden Fein- schmecker! Serviert wird herr- lich frischer Fisch in allen Varia- tionen, Traumgerichte zu

Historische Handwer- kerstuben Gingst, geöffnet Mai – Okt. 10–18 Uhr, Mo Ruhetag. Vogelinsel

• Gasthaus am Focker- strom, Gingst- Ummanz, tägl. geöffnet, Fisch- verkauf im klei- nen Laden

traumhaft günstigen Preisen! Mit großem Elan wird dieses Kleinod von der Mannschaft der Fischereigenossenschaft geführt und bekocht (Fisch: gesotten, gebraten oder geräuchert). Räucherei und Fischverarbeitung erhält den Fisch direkt von den Fischern vor Ort.

Die **Insel Ummanz** empfängt uns mit viel Wald – mitten darin ist die alte Försterei, jetzt eine gemütliche Pension unter reetgedecktem Dach.

Die weite, herbe Landschaft der Insel eignet sich ideal für die Zucht der weißmähnigen Haflinger, die wir immer wieder auf den Weiden antreffen. Wir radeln weiter nach Suhrendorf und machen von hier einen Abstecher zur **Vogelinsel** nach Freesenort, die Brut- und Rastplatz von Wildgänsen und Kranichen ist. Dabei durchfahren wir ein wertvolles **Naturschutzgebiet**, bevor wir über Wusse wieder den Heimweg antreten.

Erika Bergmann, Feschitz 6, 18569 Gingst
Heidrun Lamprecht, Markt 17, 18569 Gingst, Tel. 038305/421
Regina Kather, Alte Försterei, 18569 Haide-Ummanz, Tel. 038305/82199, uriges Forsthaus, gute regionale Küche, HP möglich

5 Von Bergen zur Insel Hiddensee

Wir radeln von unserem Ausgangspunkt Parchtitz (Bergen–Parchtitz vgl. Tour 1) über Thesenvitz nach Patzig. Von hier geht es weiter über Gnies nach Lüssmitz. Wir

Bergen (Bhf.)

Hiddensee (Bhf. Bergen)

ca. 26 km

Parchtitz – Thesenvitz – Patzig – Lüssmitz – Helle – Tribbevitz – Neuendorf – Trent – Schaprode – Hiddensee

Reetgedeckte Fischerhäuser in Schaprode.

geringe Steigung

geteerte Landstraße und Plattenwege

Kirche in Kloster, Insel Hiddensee.

folgen dann der Straße nach Bubkevitz über Helle und Trib-bevitz. Von hier nehmen wir den Plattenweg nach Neuen-dorf und radeln entlang des Neudorfer Wieks nach Trent. Von dort sind es sechs Kilome-ter zu den reetgedeckten Fischerhäusern von Schapro-de, von wo wir die Fähre nach Hiddensee nehmen.

Die **Insel Hiddensee** – Ziel und Höhepunkt dieser Tour – ist nur 17 Kilometer lang, ein Eiland in türkiser See, die Strände weiß und **naturge-schützt** vom Geller Haken bis zum 72 Meter hohen Dorn-

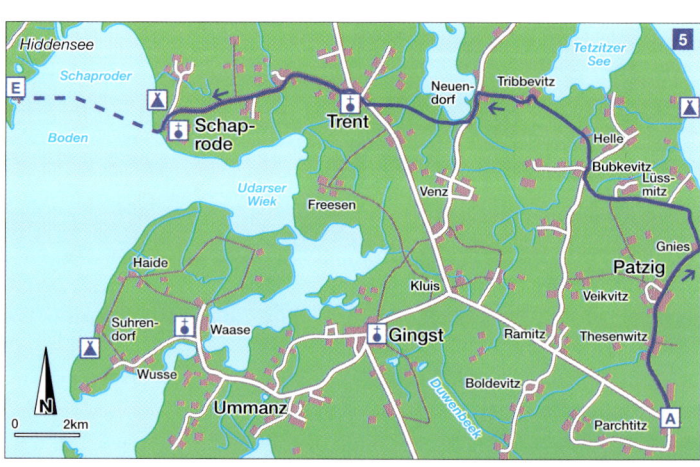

busch im Norden. Von hier aus hat man einen herrlichen Rundblick auf die gesamte Insel, auf den Darß, die Insel Rügen und Stralsund. Bauern und Fischer erzählen, daß Hiddensee die »verlorene Perle aus dem Halsband der Göttin Freya« sei: Als ihr wundervoller Halsschmuck Brisingamen im Meer versank, stieg anstelle der ersten versunkenen Perle das liebliche Hiddensee aus den Fluten. Wie das Halsband einer Göttin schmiegt sich denn auch Hiddensee westlich an die Insel Rügen.

Jahrhundertelang lebten die Menschen hier von ein wenig Landwirtschaft und vom Fischfang. Seit 1880 entdeckten die Künstler die Insel, und es setzte ein »sanfter Tourismus« ein, der bis heute anhält: Autofrei ist Hiddensee, und man hofft, daß diese natur-

und landschaftsgeschützte Insel ihre Schönheit behalten wird. Die **Inselrundfahrt** führt uns nach *Neuendorf*. *Vitte* und *Kloster,* wo wir das Heimatmuseum, das uns Auskunft gibt über Geschichte und Kultur der Insel, die Kirche sowie die Gerhart Hauptmann Gedenkstätte besuchen. Gerhart Hauptmann lebte und arbeitete in diesem Haus. Die Insel war für ihn immer wieder eine Quelle der Kraft und der Inspiration. Sein Grab finden wir auf dem kleinen Inselfriedhof. Eine Rückfahrt mit dem Schiff bietet sich als genußreicher Abschied von Hiddensee an. Rückweg: über Schaprode – Gingst – Bergen (Abzweigung Parchtitz) ca. 20 Kilometer, oder mit der Fähre von Vitte (Hiddensee) nach Ralswiek, von Ralswiek über Patzig, Thesenvitz zurück nach Parchtitz.

• Hotel »Post Hiddensee«, Wiesenweg, 18565 Vitte/Hiddensee, Tel. 038300/6430, gehobene Preisklasse
• Pension »Lachmöve«, Wallweg 5, 18565 Vitte/Hiddensee, Tel. 038300/253 weitere Infos über Verkehrsverein Kloster und Vitte/Hiddensee, Tel. 038300/642-26

6 Rundtour von Bergen

Mit Jan, dem Sohn unseres Wirtes, machen wir die letzte Tour auf Rügen: Von *Parchtitz* (Bergen–Parchtitz vgl. Tour 1) nehmen wir die Waldtour nach *Stadtdorf* (drei Gehöfte), vorbei an Viehweiden. Von hier geht es über

Stock und Stein und die Hügelkuppe nach **Buschvitz**– idyllisch gelegen am Ufer des *Kleinen Jasmunder Bodden*; ein totes Gewässer – umgekippt. 1990 erlangte es traurige Berühmtheit wegen seiner hochgradigen Vergiftung.

 Bergen (Bhf.)

 Buschvitz-Bergen

 ca. 12 km

Parchtitz –
Stadtdorf –
Buschvitz – Ber-
gen – Parchtitz

mäßige
Steigung

Wald- und
Feldwege

Schilfgrasumwuchert bietet der Bodden von weitem ein perfektes Idyll, kaum zu glauben, daß das Gewässer vergiftet ist. Hoffnungsschimmer am Horizont: Man baut eine biologische Kläranlage in Bergen, die den Kleinen Jasmunder Bodden entgiften soll. Abschied von Buschvitz. Unser letzter Tag auf Rügen endet mit einem wehmütigen Blick über den Bodden.

Weiter geht die Fahrt über die *Buschvitzer Kuppe* durch den Wald nach **Bergen**. Wir kommen zuerst an den *Rugarder Turm*, auch Ernst-Moritz-Arndt-Turm genannt, nach dem großen Sohn Rügens.

Ein **Vogelschutzgebiet** befindet sich um den **Rugard**: Hier brüten 120 Arten, angefangen bei der Feldlerche, dem häufigsten Brutvogel in Mecklenburg, bis zum Seeadler und

Bootssteg am Kleinen Jasmunder Bodden bei Buschvitz.

Fischadler, zwei vom Aussterben bedrohte Arten. Der Fischadler hat nur zwei Brutstätten im Bezirk Rostock, dies ist eine davon. Neben den brütenden Arten bestimmen zahlreich Durchzügler und Wintergäste das Vogeljahr um den Rugard. »Wir haben den Auftrag, Schönheit und Vielfalt der Natur für unsere Nachkommen zu bewahren. Schlüssel zum Erfolg ist im Naturschutz wie anderswo die Einheit von Wissen, Können, Wollen und Tun!«, lesen wir auf der Schautafel.

Auf einer schön ausgebauten Straße rollen wir über den Wald von Rugard nach Bergen. Auch dieser Ort macht seinem Namen alle Ehre: Kopfsteinpflaster und an den Hügel gebaute Spielzeughäuser, grau in grau, die sich eng aneinanderreihen.

Jan zeigt uns noch voller Stolz sein Gymnasium, die älteste Schule auf Rügen, und wir drehen mit unseren Rädern eine Ehrenrunde über den Pausenhof, um dieser – wenn auch äußerlich abgeblätterten Stätte des Wissens – unsere Referenz zu erweisen.

Danach rollen wir auf der Landstraße *Bergen–Gingst*, nachdem wir die gefährliche L-196, die nach Saßnitz führt, überquert haben, gemächlich dahin. Alleebäume säumen links und rechts die Fahrbahn. Auf der Höhe von Gademow nehmen wir die Abzweigung rechts nach **Parchtitz**, das wir nach kurzer Zeit erreichen. Vor unserer Pension dehnt sich eine große Viehweide aus – die Kühe stehen auf satten Wiesen. Im angrenzenden **Patziger Wald** sind **prähistorische Gräber** zu entdecken. Der Wald bildet die natürliche Grenze zur grünen Unendlichkeit vor uns und schafft mit seinem üppigen Dunkelgrün eine harmonische Verbindung zum Graublau des Himmels, der an dieser Stelle die Erde zu berühren scheint.

Vogelschutzgebiet Rugard, Marienkirche in Bergen

• Restaurant »Bootsstelle«, Buschvitz bei Bergen, Tel. 03838/22725, tägl. geöffnet, Wild/Fisch und Gerichte nach Saison, selbstgebackener Kuchen • Gaststätte »Stadt Bergen« am Bahnhof, Mo – Fr geöffnet, sehr preiswert und schmackhaft

• Gästehaus Wiesengrund, Familie Bochmann, Wiesenweg 5, 18528 Parchtitz, Tel. 03838/22414. • • Diana Giese, Am Ruhwas 5, 18528 Parchtitz, Tel.03838/251707 beste bulgarische Küche, HP möglich; weitere Infos über Tourist-Information, Markt 11, 18528 Bergen, Tel./Fax 03838/811206

Weitere Tourenvorschläge in Kürze

Umrundung der Halbinsel Wittow

Die Halbinsel Wittow beherbergt eine **ornithologische Kostbarkeit**: am Rande der Bodden sind die Flachwasserzonen und die weiten ungestörten Schilf- und Wiesenflächen Rastplatz für die bedrohten großen Vögel wie Wildgänse und Kraniche. Gerade im Herbst ist hier Umsicht geboten: Natur erleben, aber nicht zerstören! Wir segeln von Ralswiek nach Breege mit der Dybbol (Fähre) oder – weniger empfehlenswert – radeln über die Schaabe nach Breege. Von hier aus geht es auf ausgebauten Radwegen die Küste entlang in Richtung Vitt, Wittows schönstem Fischerdorf. Dann weiter nach Arkona. Vom Kap Arkona ist es nur noch etwa ein Kilometer nach Putgarten. Ab Putgarten führt unser Weg über Mattchow, Gramtitz, Gudderitz und Altenkirchen nach Breege zurück. Die Tour von Breege um die Insel ist ca. 27 km lang. Einkehr- und Übernachtungsmöglichkeiten: Gasthaus und Pension Zur Wittower Fähre, Fähre W. 9, 18556 Wittow, Tel./Fax 038391/70334, täglich geöffnet, preiswerte, gepflegte Gastronomie, Terrasse direkt am Wasser - der Rastplatz für Wasser- und Radwanderer; Landhotel Herrenhaus Bohlendorf, Bohlendorf 6, 18556 Wiek, Tel. 038391/770, täglich geöffnet, hausgebackener Kuchen, Fischspezialitäten je nach Saison, im Oktober Kohlspezialitäten.

Durch den Nationalpark Jasmund

Auf Schleichwegen radeln wir über die Halbinsel Jasmund, die Stubnitz gilt es dann ganz speziell auf Seitenwegen zu erkunden.
Am besten nimmt man den Zug bis Sassnitz, dann geht es mit den Rädern weiter – sicher sind inzwischen einige der geplanten Radwege fertiggestellt und die Touren dadurch noch reizvoller.
Sagenumwoben ist der höchste **Kreidefelsen** Rügens, der sogenannte **»Königsstuhl«**.
Der 119 Meter hohe steinerne Stuhl diente in dunklen Vorzeiten zur Königswahl: Wer den Felsen von der Seeseite erklomm, wurde an dieser Stelle zum König gekrönt. Heute gefährden Touristen die sehr zerbrechliche Schönheit des Kreidefelsens. Sie kommen seit dem Mauerfall sehr zahlreich.
Wir folgen der Hauptverbindungsstraße von Sassnitz zum Königsstuhl bzw. den parallel dazu verlaufenden Wegen, deren Zustand allerdings witterungsabhängig ist, und gelangen dann auf befestigten Waldwegen zu den ausgeschilderten Hügelgräbern (Bhf. Sassnitz – Königsstuhl ca. 10 km).
Einkehr ist in Sassnitz möglich im Restaurant »Am Kai«, mitten im Hafengelände, geöffnet täglich 10 – 24 Uhr. Das Restaurant ist sehr radlerfreundlich und bietet preiswerte Fisch-und Fleischspezialitäten.

Durch die Baaber Heide nach Mönchgut

Diese Tour führt uns vom Bahnhof Sellin nach Baabe, Göhren, Lobbe Mariendorf und Alt Redevitz zurück nach Baabe.

Der trockene Südosten bietet eine leicht wellige Landschaft und viele herrliche Badeorte. Besonders **Göhren** soll über den schönsten **Strand** Rügens verfügen.

Die alten Pensionshäuser mit ihrem Flair aus einem vergangenen Jahrhundert im Stil der Bäderarchitektur will man erhalten. Das **Mönchguter Museum** in Göhren gibt Einblick in die landwirtschaftliche Tradition auf Mönchgut. Es hat uns jedenfalls unvergeßliche Eindrücke von dem Fleiß der Mönchguter Frauen vermittelt: Auf dem Heimweg vom Kühemelken strickten und häkelten die Damen noch im Gehen.

Bleibt zu hoffen, daß die Herren der Schöpfung wenigsten die Milcheimer trugen . . . aber dafür gab es ja dann das Pferdewägelchen.

Wir fahren mit der Bahn durch die Baaber Heide nach Göhren. Von hier aus führt uns eine Nebenstraße nach Lobbe. Den Lobber See zur Rechten, geht es weiter nach Mariendorf und Alt Redevitz. Nach der Besichtigung dieser Badeorte fahren wir zu unserem Ausgangspunkt Sellin zurück. Diese Tour ist ca. 25 km lang, davon werden ca. 10 km mit der Bahn zurückgelegt.

Einkehr- und Übernachtungsmöglichkeiten: «Villa Granitz» im traditionellen Bäderstil, Birkenallee 17, 18586 Baabe, Tel. 038308/25216, gutbürgerliche Küche und gediegener Komfort in historischem Rahmen; «Restaurant und Pension Franz», Thressower Straße 23, 18586 Göhren, Tel. 038308/2340, kein Ruhetag. Sehr empfehlenswerte, bodenständige Fischgerichte (eigener Fang).

Weitere Informationen über die Kurverwaltung Göhren, Tel. 038308/2150.

Rad-Sternwanderung auf Rügen

Alljährlich im Oktober lädt Rügen zu Rad-Sternwanderung über die Alleen der Insel. Sie dient der Erhaltung des herrlichen Baumbestandes entlang der Landstraßen. Auskunft: Fremdenverkehrsamt Rügen e.V., Sellin, Tel. 038303/1470.

Ostfriesland – Land hinter den Deichen

»Aurich ist traurig, Leer noch mehr« war einst der Schreckensruf aller Lehrer, die nach Ostfriesland versetzt wurden. Es gab keine Verkehrsverbindungen, im Winter versank man auf den Nebenwegen im Schlamm. Die Gegend um die Moore von Aurich war unglaublich arm, gefährlich und unwegsam; die Moorbauern sahen einander oft wochenlang nicht.

Und heute? Die Moore sind erschlossen, das Land zwischen Moor und Meer ist reiches Bauernland: Marsch ist der fette, ideale Boden für die Rinderzucht. Am Rande des Marschlandes die Geest, nährstoffarmer Boden, wurde durch Düngung fruchtbar gemacht. Fischerei und Seefahrt prägen die Wirtschaft an der Küste. Ostfriesland, in der äußersten Nordwestecke an der Nordsee gelegen, ist eine dem Tourismus erschlossene Region geworden.

Es sind die Farben, die sich dem Radler einprägen: das graubraune Watt, satte grüne Weiden, die roten Backsteinhöfe umgrenzt von Hecken und Laubbäumen, Schutz gegen den allgegenwärtigen Wind, der den Bäumen ihre unverwechselbare Form gegeben hat.

Zentimeter um Zentimeter hat der Mensch dem Meer den Boden abgerungen und die Deiche geschaffen, um die *Polder*, eingedeichte Flächen, zu schützen. Reiche, stattliche Höfe liegen am Rand der Polder. Schnurgerade Kanäle durchziehen das flache Land und erreichen über das Siel, ein Tor, durch das das Wasser bei Ebbe durch den Deich hinausgebracht werden kann, schließlich das Meer.

Und vor der Küste liegen, aufgereiht wie Perlen auf der Schnur, die Trauminseln Ostfrieslands: **Langeoog, Spiekeroog, Wangerooge, Juist, Norderney** und **Baltrum**. Hier gibt es keinen störenden Autoverkehr. Touristisch erschlossen sind die Inseln schon lange, Norderney seit über über 200 Jahren, Ostfrieslands Festland erst seit 25 Jahren. Einem sanften Tourismus hat man sich hier verschrieben.

Zwischen Festland und Inseln liegt das Wattenmeer, gefährdete Nahtstelle längs der Küste, da hier die Verschmutzung durch das Wasser der großen Flüsse Rhein, Schelte, Maas, Ems, Weser und Elbe am stärksten ist. Die Schutzgemeinschaft Deutsche Nordseeküste hat es zu ihrem Anliegen gemacht, den Nationalpark Wattenmeer vor Abwasserseen, Algenwachstum, Ölpest und Umweltgiften aller Art zu schützen. Wir hatten auf unseren Radtouren Gelegenheit, den Deichwart bei seiner schwierigen Arbeit zu begleiten. Angesichts der wachsenden Umweltbedrohung eine schier unlösbare Aufgabe, bei der jeder von uns seinen Teil als »sanfter Tourist« zur Rettung dieser schönen, aber bedrohten Küstenregion tun kann.

Von friesischer Gastlichkeit, Geschichte und Tradition

Aurich ist traurig? Im grünen Herzen

Moorlandschaft bei Aurich.

Ostfrieslands gelegen, ist Aurich heute eine pulsierende lebendige Stadt mit gutem Einkaufszentrum, umgeben von Hecken- und Moorlandschaft, von Rad- und Wanderwegen durchzogen. Moor, Heide, viele Badeseen und das angrenzende Naturschutzgebiet »Ewiges Meer« mit dem wohl größten Hochmoorsee Deutschlands, sind für den Radler ein unvergeßlicher Genuß.

Und **Leer**? Handels- und Seehafenstadt und einst Sitz des Häuptlings Focke Ukena, ist durchaus keine traurige Stadt: Strahlendweiße Giebelfronten begrüßen den Besucher und vermitteln gepflegte Beschaulichkeit. Volksfeste und Brauchtum werden hier großgeschrieben, und von April bis Oktober reiht sich ein Fest an das andere: **Osterfeuer am Plytenberg**, dem heiligen Berg Ostfrieslands, **Maibaumfest**, das **Hafenfest** im Juni, das **Stadtfest** im September, der **Gallimarkt** im Oktober, und in den Jahren mit gerader Zahl – da nimmt es der Ostfriese sehr genau – die große **Ostfrieslandschau**, ebenfalls im Oktober.

Das musische Herz des Landes allerdings schlägt in **Emden**, wenn auch die Autoindustrie derzeit darniederliegt und die Arbeitslosenzahlen hoch sind – für die schönen Künste hat Emden ein offenes Herz, nicht erst seit Henri Nannen seiner Heimatstadt die Kunsthalle vermachte.

Der Musik sind alle Ostfriesen besonders zugetan. Emden hat eine **Musikschule**, die weit über die Grenzen der Stadt hinaus einen guten Ruf genießt. Und schon zu Lebzeiten wurde hier Deutschlands Blödelbarden Nr. 1 mit dem Otto-Huus ein Denkmal gesetzt. Das ostfriesische **Landesmuseum**, das **Pelzerhaus** mit Ausstellungen zum bürgerlichen Leben, das **Museums-Feuerschiff** »Amrunbank« mit schiffahrtsgeschichtlichen Sammlungen, sie alle bezeugen die lange kunsthistorische Tradition der Stadt. Und gefeiert wird in Emden mit herrlichen Volksfesten – meist von der Musikschule begleitet: zum **Matjesfest** im Mai, zum **Stadtfest** im Juni und dem **Delftfest** im September.

Ostfriesen feiern gern: Bedingt durch die große Abgeschiedenheit in den vergangenen Jahrhunderten, hat sich in Ostfriesland eine ausgeprägte Regionalkultur erhalten können. Man spricht seine eigene Sprache, das Platt.

Von friesischer Bohnensuppe und »Branntwinskoop«

Gastlichkeit wird in Ostfriesland hoch gehalten. Immer hat man für Freunde und Fremde ein offenes Haus, hofft aber auch, daß der Fremde sich einfügt in **Sitten und Bräuche**: Wenn jemand zuzieht, bekommt er einen Bogen – eine Girlande aus Fichte oder Konifere –, und man erwartet, daß er die Nachbarn einlädt. Wird ein Kind geboren, so hält man für die Besucher »die Brantwin-skoop« bereit – in Branntwein eingelegte Rosinen sind der Hauptbestandteil dieser »Suppe«. Wird ein Junge geboren, so kriegt die Bohnensuppe zusätzlich gehackte Mandeln und ein Stück Würfelzucker obenauf. Erblickt ein Mädchen das Licht der ostfriesischen Welt, so gibt es die Bohnensuppe »blank«, denn man geht davon aus, daß ein Mädchen ohnehin schon alles »Drum und Dran«

hat . . . Auch bei den Hochzeiten hält sich der Ostfriese an eigene Regeln: feiert man ein fünfjähriges Eheleben noch ohne Kindersegen, so gibts ein großes Fest mit einem Papierochsen, der darauf anspielt, daß es dem Ehemann noch nicht gelungen ist, seine Frau zu schwängern. Silberne und Goldene Hochzeit sind in Ostfriesland wahrlich »Hochzeiten« der Feierkultur.

Und erst die **Teekultur** – ostfriesische Teemischungen haben schließlich Weltruf. Serviert wird der starke Tee in der obligatorischen kleinen Porzellankanne, auf dem Tassenboden das »Kluntje«, Kandis. Unterstehn Sie sich, beiliegende Löffel zum Umrühren des edlen Getränks zu mißbrauchen! Der kleine runde Schöpflöffel ist für die Sahne, die gleich einer Wolke in den Tee versinkt. Genüßlich trinkt sich der Friese durch »Wulkje« und Tee zum süßen Kandis hinunter, immer wieder schenkt die Hausfrau nach, bis man den Teelöffel in die Tasse stellt, Signal zum Finale.

Hauptteezeit, »na'Freesenort die Teetied«, ist fast immer, der »Elfürtje« morgens um 11 mit einem Gläschen Branntwein, am Nachmittag zwischen 14 und 15 Uhr und abends nach dem Essen. Teetied wird nach Möglichkeit immer eingehalten. Hat man Gäste, so reicht man zur Begrüßung ein Tässchen Tee. Zum Tee gibts die ausgezeichneten ostfriesischen Backwaren – der Stolz jeder Hausfrau. Die »Schneckenkoken«, »Prüllkers«, auch »Schwemmertjes« genannt, die »echten Leidenschaften« oder die Waffeln in allen Formen und Geschmacksrichtungen, von süß bis herzhaft. Die am Silvesterabend gereichten »Speckendicken« sind der Traum jedes Ostfriesen im Exil! Dazu darfs dann schon ein kräftiger Grog sein oder »een Dornkaat« mit Bier. Den Tee gibt es dann hinterher.

Das **Schlachtfest** war früher Höhepunkt und zugleich Abschluß des Schlachttages, zu welchem auch die Nachbarn eingeladen wurden, so ist es vielerorts noch heute. Nachdem die Nachbarn ohnehin beim Schlachten mithalfen, gab es abends den »Sniertjebraa« und »een lütjen forup«, zur besseren Verdauung! Sniertjebraa: Nacken und Schulter vom Schwein, grob geschnitten und mit viel Zwiebel wie ein großes, grobes Gulasch gebraten, dazu reichte man Salzkartoffeln, rote Beete oder Zuckergurke.

Zu den Delikatessen Ostfrieslands zählen die »Updrögt Bohnen« – reife, mit Schale getrocknete Bohnen. Traditionsgerecht hängen sie am »Bohntjeband« aufgereiht zum Trocknen auf dem Dachboden oder in der Küche – werden aufgeweicht, geschnitten und mit Räucherspeck und Mettwürstchen zu einem Eintopf verarbeitet.

»Speckfetten« (graue Erbsen mit Speck) ist ein Eintopf, den man nur hierzulande kennt – Exilfriesen und Feinschmecker lassen sich die grauen Erbsen mitbringen oder schicken. Beilagen zu diesem schweren, aber wohlschmeckenden Eintopf sind eingelegte Essigpflaumen mit Saft – und dann alles auf einen Teller und runter damit, aber »nen Schluck doorbi, is good für mi«, damit das Ganze besser rutscht.

Mit »Kool« geht man in Ostfriesland den Winter an, der »Kool oder Grün-kool« schmeckt am besten, wenn er die ersten Nachtfröste abgekriegt hat, mit Pinkelwurst und Schweinebacke. Kool ist dermaßen beliebt, daß jeder Kegelklub, jeder Verein seinen »Koolkönig« wählt. König wird, wer am längsten ißt. Zur würdigen Belohnung überreicht man ihm den »Palmzweig«, ein mit Silberpapier umwickelter Kohlstrunk, an welchem eine Flasche Klarer befestigt ist: »Beter 'nen Strunk im Kool, as gar keen Wurst!«

Daß Ostfriesland an der Nordsee liegt, merkt man nicht zuletzt an den velen Krabbengerichten: Krabbenbrot, Krabbenrührei, Kartoffelsuppe mit »Granat«. Und da sind dann noch die Schollen: Maischollen, Speckschollen, Schollen geschmort, gebraten und im eigenen Saft – kurzum, keiner verläßt Ostfriesland, ohne nicht wenigstens eine Schollenvariation genossen zu haben.

Und erst die Milch! Nirgends auf unseren Radreisen von Nord nach Süd habe ich je wieder so herrliche Frischmilch getrunken wie in Ostfriesland.

Die Gastlichkeit der Ostfriesen ist weit über die Landesgrenzen hinaus bekannt. Wir reisten mitten im Juli eines Jahrhundertsommers, und die Zimmer waren natürlich bis unters Dach belegt. Aber man brachte auch uns noch unter, keiner wies uns je die Tür. Wir schliefen in Kinderbetten, auf dem Sofa unter den Bildern der Ahnen, in der guten Stube, zwischen dem Familiensilber, und man bereitete uns stets einen so warmen Empfang, als gehörten wir zur Familie. Ostfriesische Gastlichkeit ist kein leeres Wort. Sie ist gelebte Tat. Und dafür an dieser Stelle: Dankeschön!

Große Deichtour

7 Von Norddeich nach Ostbense

 Norddeich (Bhf.)

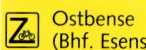 Ostbense (Bhf. Esens)

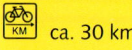 ca. 30 km

Norddeich (Bhf.)-Neßmersiel (Außenanleger mit Schiffsverbindung nach Baltrum) – Dornumersiel – Bensersiel – Ostbense

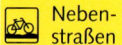 Nebenstraßen

Norden: Ludgeri-Kirche mit Orgel, Wasserschloß, Teemuseum, Heimatmuseum, beide geöffnet Di – Fr 15–18 Uhr, Sa 10–12 Uhr, Nordseeaquarium

• Gaststätte und Pension »Nordstern« (Familie Gerdes), 26427 Neuharlingersiel – Ostbense, an der Landstraße, Tel. 04971/2555, Montag Ruhetag

Bahnhof Norddeich war für uns Ankunfts- und Endstation, da man die große Deichtour direkt vom Bahnhof starten kann. So bekommt man den ersten und besten Eindruck vom Land hinter den Deichen.

Norddeich kann mit einem großen Meerwasserfreibad und einem Hallenwellenbad aufwarten. Es gibt täglich Fährverbindungen zu den Nordseeinseln Juist und Norderney.

Norden erreicht man nach 4 km auf gut ausgeschildertem Radweg vom Bahnhof Norddeich. Es ist die *älteste Stadt Ostfrieslands*. In der romanisch-gotischen Ludgeri-Kirche gibt es die herrlich klingende **Arp Schnittger-Orgel**. Das **Schöninghsche Haus** in der Osterstraße 5 hat eine der *schönsten Renaissancefassaden Norddeutschlands*. In Norden empfängt uns die sprichwörtliche ostfriesische Gastfreundlichkeit sogar im **Teemuseum**: hier wird dem Besucher der Tee im Ostfriesenstil serviert. Neben dem Teemuseum sollte der Radler unbedingt die Theelkammer im **Heimatmuseum** in Augenschein nehmen: Hier hielten die Arfburen (Erbbauern) einst ihre Versammlungen, das damals übliche Warmbier wird dem Besucher ebenfalls gereicht. Eine ganz besondere, zukunftsweisende Einrichtung hat Norden-Norddeich außerdem noch zu bieten: Ein **biologisches Klärwerk**, betrieben von der Gemeinnützigen Ausbildungsgesellschaft. Wenn man auch in anderen Regionen diesem Beispiel folgen würde, wäre der Umweltschutz ein gutes Stück vorangekommen. Die **Seehundaufzuchtstation** in Norddeich demonstriert eine weitere Möglich-

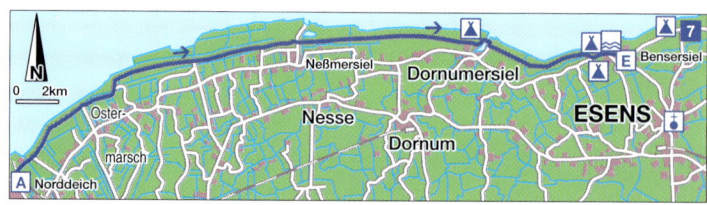

Haflinger auf den fruchtbaren Weiden Ostfrieslands.

keit zur Rettung und Bewahrung der gefährdeten Natur in der Küstenregion. Von hier aus werden außerdem **Wattwanderungen** nach *Norderney*, *Baltrum* und dem versunkenen Dorf *Itzendorf* angeboten. An dieser Stelle eine Bitte und eine Warnung zugleich: **Vorsicht!** Unternehmen Sie auf keinen Fall Wattwanderungen auf eigene Faust, sondern nur mit ortskundigem Führer! So mancher leichtsinnige Tourist wurde mitten im Watt von der langsam, aber stetig steigenden Flut überrascht, nachdem er sich zu weit hinausgewagt oder sich verlaufen hatte! Auch vor kleineren, im allge-

meinen gefahrlosen Spaziergängen im Watt sollten Sie sich nach dem Eintreffen der nächste Flut erkundigen!

Wir starten unsere Tour vom Bahnhof Norddeich auf dem *äußeren Deichweg*, der uns, ohne eine Straße zu berühren, vorbei am Wattenmeer direkt nach *Neßmersiel* führt: zu unserer Linken die begrünten Deiche, von Schafen beweidet, die das Gras kurz halten und den Boden befestigen. Auf der sogenannten *Deich-* oder *Katastrophenstraße* radeln wir dann vorbei an Rinderweiden und Feldern zu unserer Rechten – fruchtbares Bauernland, der See abgerun-

• Erika Böttcher; 26427 Neuharlingersiel – Ostbense; An der Landstraße 5, Nr. 1, Tel. 04974/ 343

gen. Wir haben nach 17 Kilometern Neßmersiel mit seinem Außenanleger für die Insel Baltrum erreicht .

Neßmersiel ist ein idyllisches, reiches ostfriesisches Dorf mit herrlichen Höfen: roter Klinker mit typischen Rundbogenfenstern für Haus und Scheune. In den weitläufigen Grünanlagen grasen Kühe und Schweine.

Bei flirrender Hitze gehts den *Neßmerpolder* entlang, auf der *Deichwehrstraße* immer den Deich entlang nach *Dornumersiel*. Hie und da begegnet uns ein anderer Radler, einer Chimere gleich im gleißenden Licht.

Am **Dornumersiel**, dem jüngsten Badeort an der Küste, biegen wir landeinwärts nach Dornum und machen einen Abstecher zum Verwaltungsgebäude der **Schutzgemeinschaft Deutsche Nordseeküste**: Besonders Familien, die mit Kindern unterwegs sind, sollten sich das **Nordseeaquarium** dort ansehen. Von unglaublicher Vielfalt und Schönheit sind die verschiedenen Fisch- und Muschelarten, die durch den Einsatz biologischer Kläranlagen wie in Norddeich wieder in der freien Natur Lebensraum haben könnten. Wir sind über-

Moorgebiet in der Gegend von Aurich.

wältigt: Meerschwalbe, roter Knurrhahn, Muscheln in allen Formen und Farben, selten gewordene Seepflanzen. Noch ganz benommen von dieser Zukunftsvision radeln wir zurück auf unserem Deichweg.

Wir befinden uns auf den gesamten Deichwegen im **Brutvogelgebiet**, man darf also nicht vom Weg abkommen, die (meerwärts liegenden) *Salzwiesen* nicht betreten. Salzwiesen Flächen, die nicht eingedeicht sind und noch von Ebbe und Flut erreicht werden. Zugleich sind sie wichtige Rastplätze der Zugvögel – Abertausende von Alpenstrandläufern und Gänse aus Sibirien. Austernfischer und Lerchen haben als Bodenbrüter in den Salzwiesen ein unersetzliches Refugium; seltene Pflanzen gedeihen hier.

Fernab des Autoverkehrs radeln wir weiter und erreichen auf der Innenseite des Außendeichs das **Bensersiel**. Von dem Seedeich – er schützt das Hinterland vor Überschwemmungen – hat man einen wunderbaren Blick auf die vorgelagerten Inseln *Baltrum*, *Langeoog* und *Spiekeroog*. Auch das Binnenland überblicken wir und sehen hinüber bis nach Esens.

Von hier geht es nach **Ostbense** hinein, wo wir auf dem herrlichen alten Hof der Familie Böttcher nächtigen. Im »Nordstern« essen wir dann erstmals die wunderbaren Speckschollen.

8 Von Ostbense nach Esens

Am nächsten Tag hievt unser freundlicher Wirt unsere Räder und unser Gepäck eigenhändig über das Deichtor. Das gastliche Haus mit seinen Bewohnern bleibt uns noch lange in Erinnerung. Auf der geteerten Deichstraße fahren wir in den etwas verhangenen Morgen.

Auf der Deichaußenseite radeln wir von Ostbense bis zum **Neuharlingersiel** in völliger Einsamkeit, nur das Geschrei der Wattvögel begleitet uns. Im Hafen herrscht buntes Treiben: die Sonne scheint wieder, blaue, rote, weiße Kutter, die Netze malerisch gespannt. Eine Szene, wie man sie in

A Ostbense (Bhf. Esens)

Z Esens (Bhf.)

KM ca. 45 km

Ostbense –
Neuharlingersiel – Carolinensiel – Harlesiel
– Groß-Holum –
Seriemer Mühle –
Werdumeraltendeich – Werdum
– Esens

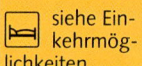
befestigte
Radwege

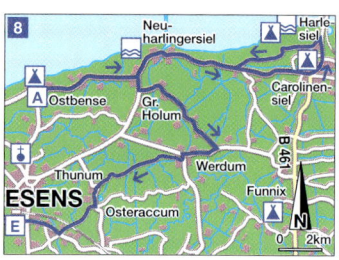

Harlesiel,
Seriemermühle, Mühle
und Heimatmuseum, Tel.
04974/656, tägl.
geöffnet 9–18
Uhr

• Almuth
Bremer, Ost
Großholm,
26427 Neuharlingersiel; Tel.
04933/ 263. Auf
Wunsch Halbpension mit ostfriesischer Küche

siehe Einkehrmöglichkeiten

mediterranen Hafenorten findet. Wir setzen uns auf eine der Bänke bei der Hafeneinfahrt und genießen die Ergebnisse der Backkunst aus der hiesigen Bäckerei. Dann radeln wir hinaus zum **Carolinensiel** und weiter zur äußersten Spitze an das **Harlesiel** – von hier aus ist es zu den Inseln Wangerooge und Spiekeroog fast nur noch ein Katzensprung.

Das **Schöpfwerk Harlesiel** regelt die Entwässerung von rund 22000 Hektar Land. Über 100 Yachten haben im Winterdeich am Hafen ihren Liegeplatz.

Vom regen touristischen Treiben wenden wir uns wieder der Stille zu, radeln entlang des *Neuharlingersieltiefs* zurück nach nach *Neuharlingersiel* und von dort nach **Groß-Holum**, biegen rechts ab nach **Werdumeraltendeich** zur **Seriemermühle**, deren Flügel sich gerade in Ruhe-, also in Senkrechtstellung befinden. Stehen sie über Kreuz,

bedeutet das »Freudenstellung« – bei Hochzeit oder Kindstaufe. Im Trauerfall ist der senkrechte Flügel etwa um 45 Grad nach rechts verstellt. Nun geht es weiter zum alten Häuptlingssitz in **Werdum**, das einst direkt am Meer lag. In der Burg von Werdum (in Privatbesitz) wird ein uralter Schinken aufbewahrt, der die Werdumer einst vor dem Einfall der Schweden rettete. Als man den Schinken zum Schornstein hinaus hielt, glaubten die Belagerer, die Ostfriesen hätten noch so viel Vorrat, daß sich eine weitere Belagerung nicht lohne, und zogen ab.

Von hier aus nehmen wir den Fahrradweg nach **Esens.**

9 Von Esens nach Norden

Der kleine Marktflecken **Esens** steht auch heute noch ganz unter dem Einfluß des Junkers Balthasar. Zur Wiederbelebung der Geschichte findet hier alljährlich im August der *Junker Balthasar-Markt* statt. Noch immer rühmt man in Esens die Beharrlichkeit dieses Mannes, der im Kampf gegen Bremer und Preußen seinen Häuptlingsstatus verteidigte. Die Friesen waren freie Bauern, hatten ihre eigene Gerichtsbarkeit und schuldeten keinem der Herren Leibeigenschaft.

Noch immer spürt der Besucher diesen unabhängigen Geist der Selbstbestimmung – er hat sich über die Jahrhunderte hinweg erhalten. Vom

 Esens (Bhf.)

 Norden (Bhf.)

 ca. 35 km

 Esens- Holtgast – Fulkum – Roggenstede – Dornum – Nesse – Schleen – Hage – Norden

 meist gut ausgebaute Feld- oder Radwege

Moorlandschaft bei Aurich.

43

Sandstein-
kirche,
Bockwindmühle,
Norderburg,
Anfrage vor
Besichtigung von
Mühle und Burg
unter Tel.
04933/2077, St.
Bartholomäuskir-
che, Wasser-
schloß Beninga
(Restaurant),
Museumsbahn,
Auskunft Tel.
04933/2077,
fährt sonntags ab
10 Uhr Dornum –
Hagen –Norden
(45 min)

• Hotel und
Gaststätte
Beninga-Burg,
Dornum, Tel.
0433/2911,
Montag Ruhetag,
Gourmetküche,
Schloßcafé tägl.
geöffnet

• Ferienhof
Eilts (Traute
Eilts), Loogstraße
6; 26427 Esens-
Holtgast, Tel.
04971/ 7363
(sehr kinder-
freundlicher
Hof!)
• Warfthof (Anne
und Venke
Becker), Ander-
warfen 3, 26427
Werdum, Tel.
04974/ 312 (-
1336)
• Hof Blanken-
hausen (Fanny
Becker) 27632
Dornum, Tel.
04933/340

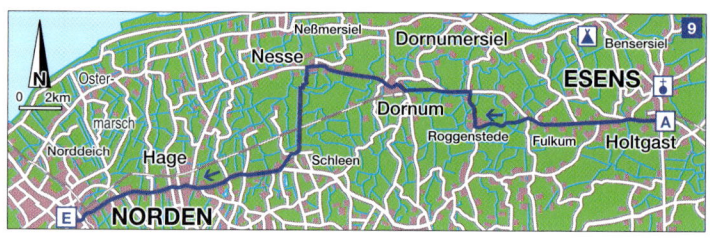

Bahnhof Esens geht es nach **Fulkum**. Von dort radeln wir auf einem gut ausgebauten Radweg, dann auf einem befestigtenFeldweg nach **Roggenstede**, wo uns eine rote **Sandsteinkirche** begrüßt, deren Südportal vermauert ist. Vom separaten Turm tönt noch zu jeder vollen Stunde die Glocke.
Der wohl schönste Radweg führt von *Roggenstede nach Dornum* – ein Stück die Landstraße entlang, dann quer durch Ackerland. blühende Kamillenfelder, goldgelben Weizen, windzerzauste Alleebäume in der Ferne, die die Straße nach Aurich säumen.
Dornum im Dornröschenschlaf, ein wunderbar stiller Ort trotz des nahen Küstentrubels. Dornum verfügt über die einzige **Bockwindmühle** Ostfrieslands. Sie wurde im Jahre 1626 erbaut, und wir finden hier auch eine Sammlung von Mühlengeräten vor. Die Besichtigung ist auf Anfrage bei der Touristen-Information möglich.
Wir fahren in Dornum an-

schließend die **Norderburg** an, auf deren Portal zu lesen steht, daß die Damen und Herren nicht nur »frey« waren, sondern auch so hießen. Zwei Löwen flankieren das Eingangsportal. Von 1481–1932 war das weiße Schloß Sitz der Herren des Gebiets der »Herrlichkeit Dornums«. Heute ist im Schloß die Realschule untergebracht. Nach dem Unterricht (ab 13 Uhr) können das Schloß und der herrliche Park besichtigt werden.
Auf dem Marktplatz von Dornum ist das Café »Schnekkenhaus« – hier wird ostfriesische Teekultur zelebriert, und man sollte sich auf keinen Fall die vorzüglichen Backwaren entgehen lassen.
In der Nähe steht die **St. Bartholomäuskirche** aus dem 13. Jh., sie hat die berühmteste Orgel Ostfrieslands – seit 1952 steht die Kirche unter Denkmalschutz. Hinter Bäumen versteckt liegt das **Wasserschloß Beninga**, wo man ausgezeichnet essen kann. Zwischen *Dornum* und *Norden* gibt es einen Fahrradweg.

Es verkehrt aber auch sonntags die **Museumsbahn** mit Gepäckwagen für die Räder. Da es Sonntag ist und wir unbedingt noch unser abgelegenes Ziel in der Ostermarsch erreichen wollen, nehmen wir die Museumsbahn und gönnen uns eine herrliche Fahrt bei offenem Fenster.
Mit dem Wind werden wir von Norden bis Ostermarsch noch ganz gewaltig zu kämpfen haben.

• Gestüt Carolinenhof (Alke Van Eucken) 26427 Neuharlingersiel, Tel. 04974/879

10 Von Norden nach Pewsum

Vom Bahnhof Norden biegen wir rechts ab in die große Ausfahrtstraße Richtung *Ostermarsch* und nehmen den Radweg bis zur nächsten großen Kreuzung. Hier biegen wir dann links ab über die Bahnschienen in den ersten befestigten Feldweg, den *Marschweg*. Im Kampf gegen den Wind ist dies eine anstrengende Fahrt, vorbei an einsamen Gehöften, die vereinzelt in der Marsch angesiedelt sind.

 Norden (Bhf.)

 Pewsum (Bhf. Emden)

 ca. 35 km

Norden (Bhf.) – Ostermarsch – Westermarsch – Greetsiel – Pilsum – Manslagter Nacken – Manslagt – Groothumsen – Pewsum

Der Hafen von Greetsiel- Kulisse für die Maler und Künstler.

45

Giebelhäuser in Greetsiel.

Greetsiel: Zwillingsmühlen, Fischkutter-Hafen, Bäckereimuseum mit Teestube »Poppinga's Alte Bäckerei«, Sielstr. 21, weitere Informationen, z.B. zu Führungen, unter Tel. 04929/91880, Fremdenverkehrsbüro

• Poppinga's Alte Bäckerei, Sielstr. 21, Greetsiel, tägl. außer Donnerstag 10–12 Uhr und 14–19 Uhr geöffnet

• Hof Meyenburg, 26506 Norden-Ostermarsch, Tel. 04931/4664

Weiter geht der Weg immer den Deich entlang nach **Greetsiel**, wo uns der male-

rische Hafen mit seinen alten Fischkuttern in seinen Bann zieht. Das 600 Jahre alte Greetsiel wird jedes Jahr Ende Juli zum Künstlertreff. Der Hafen ist zugleich Kulisse für den Kunst- und Handwerksmarkt, der zur selben Zeit stattfindet.

Wer will, kann jetzt ein **Ausflugsschiff** besteigen und nach **Norderney**, **Juist** oder **Borkum** übersetzen.

Wir bleiben auf dem Festland und strampeln weiter nach **Pilsum**, wo man den einzigartigen *Vierungsturm* an der **Kreuzkirche** bewundern kann.

Wir sind in Ostfrieslands Nordwesten. Landeinwärts durchfahren wir jetzt die **Krummhörn**, eine von Sielen durchzogene Region mit schwer zu bearbeitendem Boden.

Die Leute hier waren weniger Bauern als Seefahrer, und die Sage geht, daß Krummhörn einst von den Wikingern besiedelt wurde. Die umliegenden Orte sind typische *Warfendörfer*, also auf künstlich aufgeworfenem Boden gegen die Flut erbaut. 19 Ortschaften sind es, die zur Gemeinde Krummhörn gehören. Tradition wird hier groß geschrieben.

Über *Manslagt* und *Groothumsen* radeln wir auf stillen Wegen nach *Pewsum,* von wo uns schon von weitem die Windmühle grüßt.

11 Von Pewsum nach Norddeich

In Pewsum stoßen wir auf das sehenswerte **Ostfriesische Freilichtmuseum Krummhörn** mit seinen Mühlen und dem Burgmuseum. Das geschichtsträchtige Pewsum ist Mittelpunkt der Krummhörn. Wer noch genug Puste hat, radelt den Rysumer Nacken entlang und macht einen Abstecher zum **Leuchtturm von Campen**, von dem man einen einmaligen Blick auf die *Warfendörfer* und die **Windenergieanlagen** entlang des Wattenmeers hat. In Campen befindet sich auch das **Landwirtschaftsmuseum**, das einen Besuch wert ist. Auch **Rysum** sollte man sich ansehen, vor allem die Kirche (15. Jh.) mit der Orgel aus dem Jahre 1457. Von Rysum kann man den kürzesten Weg über Pisum nach Greetsiel

wählen. Wir nehmen den Radweg von Pewsum entlang des *Greetsieler Sieltiefs* bis *Greetsiel* und auf Deichwegen zurück nach **Norddeich** und dem Bahnhof Norddeich.

 Pewsum (Bhf. Emden)

 Norddeich (Bhf.)

ca. 25 km

Pewsum – Visquard – Greetsiel – Westermarsch – Mittelmarsch – Ostermarsch – Itzendorf – Norddeich

 befestigter Deich-Rad-

Krummhörn: Freilichtmuseum; Campen: Leuchtturm, Landwirtschaftsmuseum; Museen geöffnet Mai – Sept. Mo – Do 10–12 Uhr und 14.30–16.30 Uhr

• Landgasthof »Rysumer Plaatz«, Am Judendobbe 4, 26737 Krummhörn, Tel. 04927/ 1339, Dienstag Ruhetag

Ostermarsch: siehe Tour 10

12 Schleichweg ins Hinterland – zur Störtebekerstadt Marienhafe

Wir nehmen ab **Pewsum** den Fahrradweg nach **Hinte** – still und über 1000 Jahre alt. Das alte Krummhör-ner Dorf hat ein Wasserschloß, das seit dem 16 Jh. in Besitz der Familie von Frese ist. Zum Burgensemble gehört auch eine

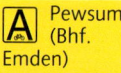 Pewsum (Bhf. Emden)

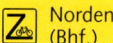 Norden (Bhf.)

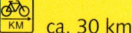 ca. 30 km

Pewsum – Hinte – Loppersum – Wirdum – Marienhafe – Norden

befestigte Radwege und Landstraßen

Wasserburg Pewsum.

Gewölbekirche aus dem 15 Jh., die man besichtigen kann.

Wir radeln zwischen Feldern und Grünland nach **Loppersum**. Hier stieß man auf Funde, die recht eindeutig auf vorchristliche Siedlungen hinweisen.

Dann geht es weiter über **Wirdum** bis zur **Störtebekerstadt Marienhafe**. Der alte Marktflecken war früher Hafen und um 1400 Schlupfwinkel des berühmten Seeräubers Klaus Störtebeker.

Der Turm, der dem Seeräuber und seinen Mannen Unterschlupf bot, ist schon von weitem Orientierungspunkt beim Radeln.

Zurück fahren wir über die *Störtebeker Straße* nach **Nor-**

den (und auf ausgeschildertem Radweg zum *Bahnhof Norden*.

Hinte: Kirche, Wasserschloß.
• Marienhafe: Kirchenmuseum (im Störtebeker-Turm), geöffnet Mo – Sa 9–12 Uhr und 14–18 Uhr

siehe Tour 10

• Warfthof, Fam. Becker, 26427 Werdum, Tel. 04974/312

Auf Moorwegen um Aurich

Vorzüglich geeignet für ausgedehnte Radwanderungen ist das Moorgebiet um Aurich. Bevor wir starten, sollten wir die **Thingstätte Upstalsboom** besuchen, das Symbol der friesischen Freiheit: Hier trafen sich vom 12. bis zum 14. Jh. alljährlich am Dienstag nach Pfingsten die vom Volk gewählten Vertreter der bäuerlichen Selbstverwaltung aus ganz Friesland. Die Beratung fand unter freiem Himmel statt.

Die einzelnen Stände haben einmal im

Aurich, das Symbol der friesischen Freiheit: die Thingstätte Upstalsboom.

Unterwegs auf dem Radweg am Ems-Jade-Kanal zwischen Aurich und Emden.

Monat zu Gericht gesessen, unter Eichen, abgegrenzt durch Findlinge. Die Häuptlinge waren reiche Bauern, die Häuptlingsränge wurden teilweise auch vererbt. Die lange Tradition einer Agrargesellschaft ohne Leibeigenschaft hat ein freies Bauerntum geschaffen. Stolz und Selbstachtung, dazu ein ausgeprägter Sinn für Gerechtigkeit zeichnen bis heute den ostfriesischen Bauern aus. Das Moorland um Aurich steht unter **Naturschutz** Vor Jahrtausenden hat sich über der *Geest*, dem nährstoffarmen Sandboden, *Torfmoos* gebildet; anspruchslos kam es mit den wenigen, im Regenwasser gelösten Nährstoffen aus und verdrängte die übrige Vegetation. Zwei bis vier Meter Höhe erreicht das Hochmoor über der Geest.
Jahrhunderte mieden die Menschen das Moor. Erst in unserem Jahrhundert machten sie fruchtbares Kulturland daraus. Unter unsäglichen Mühen bauten die ersten Siedler den Torf ab, und das Sprichwort: »Dem Ersten sien Dod, dem Tweeden sien Not, dem Darden sien Brot« hat sich bewahrheitet.
Vortrefflich läßt sich heute an den *Entwässerungskanälen* entlangradeln, auf verschlungenen Heckenwegen die Reservate einer reichen Pflanzenwelt erkunden. Sehenswert auch die **Großefehner Mühlenstraße** mit ihren fünf Holländer Windmühlen. Wichtigster Einstieg in diese schützenswerte Landschaft ist das **Moormuseum** in Moordorf (siehe Tour 13).
Aurich hat keinen Bahnhof, er wurde stillgelegt. Es sind Bemühungen im Gange für eine Wiedereröffnung. Wir radeln Aurich einmal von Norddeich (Bhf.) und einmal von Emden (Bhf.) aus an.

13 Zwischen Meer und Moor – von Norddeich nach Moordorf

A	Norddeich (Bhf.)
Z	Aurich bzw. Moordorf (Bhf. Norden bzw. Emden)
KM	ca. 27 km
	Aurich – Moordorf – Tannenhausen – Wallinghausen – Egels – Aurich
	Deich- und Radwege

Auf Bohlenwegen zum Ewigen Meer, dem größten Hochmoorsee Deutschlands.

Zwei Landschaftstypen bestimmen die Stadt **Aurich**. Einmal gibt es für ostfriesische Verhältnisse ungewöhnlich große Laub- und Mischwaldgebiete um *Tannenhausen*, *Wallinghausen* und *Egels*. Naherholungsgebiet im Osten Aurichs ist Tannenhausen mit seiner Feriensiedlung und den kleinen typischen Häusern. Zum anderen ist die Stadt von ausgedehnten Hochmoorflächen umgeben, die heute größtenteils wieder unter Naturschutz stehen.

Vom *Bahnhof Norddeich* radeln wir nach *Bensersiel* (vgl. Tour 7). Von hier schwenken wir landeinwärts und fahren über *Esens, Dunum* und *Middels* auf dem *Ostfriesland-Wanderweg* (Markierung O) bis nach **Aurich**. 40 km (Alternativanfahrt von Bahnhof Norden – Radweg Friesenroute über Hage, Nenndorf, Ewiges Meer nach Aurich, ca. 30 km). Von hier radeln wir durch die Wiesenlandschaft *Hammrich* nach **Moordorf**, wo das **Freilichtmuseum** steht. Im Ausstellungsgebäude ist die 200jährige wechselvolle Geschichte der Moorkolonie Moordorf sehr eindrucksvoll dokumentiert

Die Rückfahrt führt uns durch ausgedehnte Laub- und Mischwälder , so daß wir die beiden Landschaften, die Aurich umgeben, auf dieser ersten »Schnuppertour« kennenlernen.

In **Aurich** kreuzen sich zwei sehr zu empfehlende Fernwanderwege, der **Ems-Jade-Wanderweg** und der **Ostfrieslandwanderweg**. Beide Wege sind auch für Radfahrer gut geeignet und durchgängig beschildert. So läßt sich die 24 Kilometer Strecke von Aurich nach Emden bequem in zwei Stunden radeln (siehe Tour 16).

Aurichs »gute Stube« ist das **Brauhaus**, das als gastronomisches Kunstwerk gilt. Das historische Schloß, das soge- nannte **Neue Schloß** (1851 – 1855 auf den Grundmauern einer wesentlich älteren Burg erbaut) ist heute Verwaltungsgebäude der Bezirksregierung, ebenso das **Marstallhaus** von 1732. Auf dem Gelände des Hotels Piqueur-Hof, stand einst die erste Häuptlingsburg Aurichs. Der älteste Gebäudekomplex der Stadt allerdings befindet sich gegenüber dem Turm der **Lamberti-Kirche**, der als Wahrzeichen der Stadt gilt. Die Gastwirtschaft »Zur Ewigen Lampe« diente früher zeitweise als Gerichtshaus und wahrscheinlich auch als Gefängniskeller.

Aurichs wichtigste Adresse ist jedoch zweifellos die **»Ostfriesische Landschaft«**, eine neunzig Jahre altes Neu-

Die Blumengemeinde Wiesmoor gilt als das „Blühende Herz Ostfrieslands".

Aurich: Brauhaus, Lamberti-Kirche. Moordorf: Moormuseum, Victoburer Moor 7 a, 26624 Südbrokmerland Moordorf, Tel. 04942/2734, geöffnet Mai – Sept. Di – Sa 10–12.30 Uhr und 14–18 Uhr, So 11–12.30 Uhr und 14–18 Uhr

Renaissance-Gebäude; einst
tagte hier das Ständeparla-
ment der Bauern, der städti-
schen Bürger und der Ritter-
schaft. Heute ist das Haus das
Hauptgebäude der kulturellen
Selbstverwaltung. Landesbi-
bliothek und Forschungsinsti-
tut für den Ostfriesischen
Küstenraum geben Zeugnis
für den eigenständigen Charakter der Region.

Wir verlassen Aurich in
Großrichtung Emden, bis wir
auf den Ringkanal bei *Wester-
ende-Kirchloog* stoßen, wo
wir rechts abbiegen und den
Kanal entlangradeln. Auf der
Höhe von Moordorf biegen
wir rechts ab und radeln nach
Moordorf hinein, wo sich das
Museum am Nordrand von
Moordorf befindet. Von hier
aus radeln wir nach der Besichtigung über Georgsfeld nach
Tannenhausen mit seiner
Feriensiedlung; nach Durch-
fahrt von Sandhorst biegen
wir links ab und durchfahren
noch zwei Vororte von Aurich,
Wallinghausen und **Egels**,
ehe wir in das Herz der alten
Häuptlingsstadt zurückkehren.

14 Kleine Moortour – von Aurich nach Wiesmoor

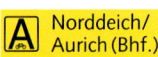

Auf Rad- und Wanderwe-
gen nähern wir uns dem
»Ewigen Meer«, einem rund
150 Hektar großen **Moorsee**.
Er gilt als der größte in
Deutschland. Wenn die Wellen über den Binnensee peit-
schen, glaubt man sich weit
draußen an der Küste. Ur-
sprüngliche Moor- und Heide-
landschaft umgibt den See
und lassen diese Tour zu einem

grandiosen Naturerlebnis werden, das uns vorbeiführt an
weiteren kleineren Mooren.
Auf Kanalwegen, weit ab vom
Verkehr, geht die Fahrt durch
das **Meerhusener Moor**
und das **Pfalzdorfer Moor**
hinein ins bekannte **Auricher
Wiesmoor**. Das weite Land
um Wiesmoor war einst nichts
anderes als ödes Moor. Einem
unglücklichen Beamten, der

An der Schleuse
Kukelorum am
Ems-Jade-Kanal.

Aurich –
Moordorf –
Münkeboe – Ewi-
ges Meer – Klei-
nes Eversmeer –
Meerhusener
Moor – Dietrichs-
feld – Pfalzdorf –
Spekendorf –
Auricher Wies-
moor – Ems-
Jade-Kanal –
Aurich

gut ausge-
baute Rad-
und Wanderwe-
ge

im 19. Jahrhundert hierher versetzt worden war, erschien Dantes Hölle gar als eine Sommerfrische, verglichen mit Wiesmoor.

Heute ist die Gegend um Wiesmoor um einen anderen Wirtschaftszweig reicher: An die Stelle des einstigen Torfkraftwerks ist ein **Gasturbi-**

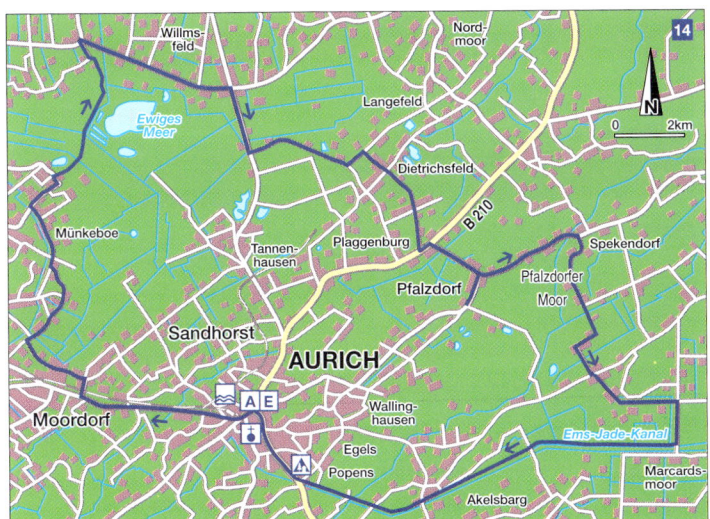

Moorland-
schaften,
Gasturbinenkraft-
werk; Blumenge-
meinde Wies-
moor

• Café/
Restaurant
Blumenhalle,
Dahlienstr. 26,
26639 Wiesmoor,
tägl. geöffnet

• Hotel-
Restaurant
Brems-Garten,
Familie Garrells,
Kirchdorferstr. 7,
26603 Aurich,
Tel.04941/920-0,
kein Ruhetag

55

nenkraftwerk getreten und beliefert die zahlreichen Gewächshäuser der Wiesmoorer Gärtnerei mit Strom, um Tausende von »Flammenden Käthchen« zum Erblühen zu bringen. Diese Blumen haben das Moor besiegt wie wir auf unserer Tour feststellen können!

Über den **Ems-Jade-Kanal** kehren wir nach *Aurich* zurück.

15 Große Moortour von Emden auf Kanalwegen

 Emden (Bhf.)

 Aurich

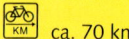 ca. 70 km

Aurich – Ems-Jade-Kanal – Wiesens – Akelsbarg – Marcardsmoor – Wiesmoor – Uplengen (Remels) – Strackholt – Spetzerfehn – Timmel – Ihlowerhörn-Ihlowerfehn – Ludwigsdorf – Aurich

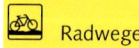 Radwege

Timmel: Alte Seefahrtsschule (Haus des Gastes), geöffnet Di – So 15–18.30 Uhr, Fehnmuseum »Eiland«,

Ganz im Zeichen der Kanalwege steht diese Tour und macht sie zu einem unvergeßlichen Erlebnis.

Vom *Bahnhof Emden* radeln wir auf dem *Ems-Jade-Kanal* nach **Aurich** (siehe auch Tour 16). Von hier geht es auf dem Radwanderweg weiter nach *Wiesens* und *Marcardsmoor*. Dort biegen wir rechts ab, verlassen den Ems-Jade-Kanal und folgen nun dem *Nordgeorgsfehnkanal* bis *Uplengen*.

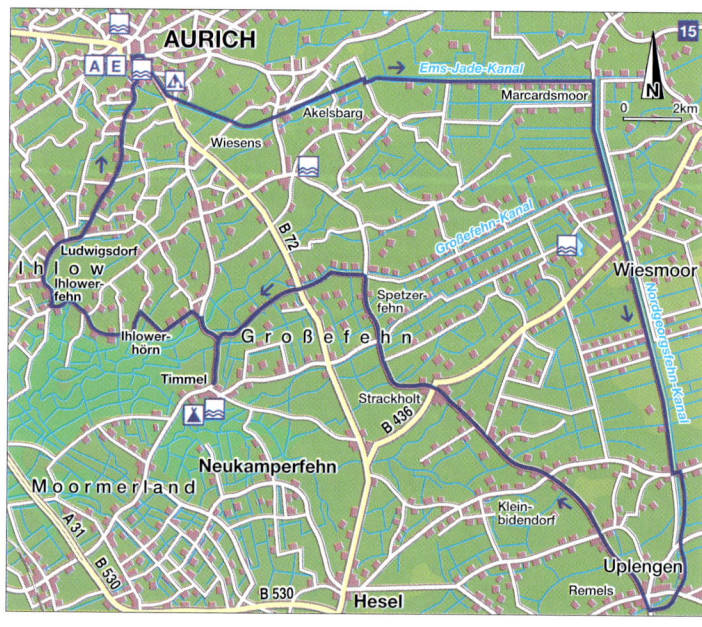

In Uplengen (Remels) biegen wir rechts ab Richtung *Klein-oldendorf*. Nachdem wir den Ort durchquert haben, radeln wir nach **Strackholt** und von hier weiter *Richtung Moorgebiet Spetzerfehn* und *Ostgroßefehn*, wo wir auf den **Großefehn-Kanal** stoßen. Hier biegen wir links ab nach **Timmel**, wo wir im hiesigen urigen Gasthof eine Pause einlegen können. Nach unserer Rast machen wir kehrt und biegen an der Kreuzung *Westgroßefehn* links ab, wo wir über **Ihlowerhörn, Ihlowerfehn** und **Ludwigsdorf** nach Aurich zurückradeln.

Auch Ihlowerfehn (*Fehn* bedeutet Moor) erinnert an die Schwerstarbeit im Moor, das *Torfstechen*. Noch im 19. Jahrhundert schrieb ein Emde-ner Lehrer über das Moor: »… und immerfort zittert und wankt der Boden unter unseren Füßen, wehe dem Unkundigen, der es wagt, es zu betreten. Mit 1000 Armen wird er hinabgezogen in die schwarze Tiefe«.

Wir können heute wechseln zwischen Rad und Kahn und dürfen das Moor nicht betreten. Auf dem in üppiges Grün eingebetteten **Nordgeorgs-fehnkanal** können wir mit unseren Rädern einen der **Kähne** besteigen, die still über das Wasser gleiten und die Tour zu Wasser beenden. Von Mai bis Oktober kann man am Wochenende so eine Kanalfahrt unternehmen, zum Beispiel auf dem Torfschiff »Ella«. Anmeldung bei Uwe Krammer, Tel. 04957/1592.

Westgroßefehn, geöffnet April – Sept. Di –Sa 10–17 Uhr und So 10–19 Uhr. Windmühle Ostgroßefehn (mit Kunstgalerie) geöffnet So 10–12 Uhr und 14–18 Uhr

🍴 • Ostfriesischer Fehnhof, Südgeorgsfehner Str. 85, 26670 Südgeorgsfehn, Tel. 04489/2779, Mi, Do, Fr ab 17.30 Uhr und Sa/So 11–22 Uhr geöffnet

🛏 • Dörpkroog, Osterfeldstr. 20, Aurich-Wiesens, Tel. 04941/65133, Mittwoch Ruhetag (direkt am Radweg)

16 Von Aurich nach Emden

Der insgesamt 72 Kilometer lange Radweg am **Ems-Jade-Kanal** verläuft von *Wilhelmshafen* bis *Emden*, ist durchgehend autofrei, gut gekennzeichnet und mit nur sechs Metern Unterschied auf der gesamten Strecke fast so eben wie ein Brett. Sieben über 100 Jahre alte sehenswerte **Schleusenanlagen** liegen auf der gesamten Strecke.

Wir beginnen unsere Fahrt in Aurich und radeln weiter zum Ortsteil Rahe, wo wir an der Rahester Schleuse auf »Kukelorum« stoßen: Idyllisch liegt die kleine Schankgaststätte, die jetzt schon zu einer Rast einlädt. Wir radeln jedoch auf

A	Aurich (Bhf.)
Z	Emden (Bhf.)
🚲 KM	ca. 22 km + Weg zum Bahnhof
🚲	Tannenhausen – Rahe – Kukelorum – Ihlow –
🚲	Radweg entlang des Ems-Jade-Kanals

erhöhtem Kanalweg weiter und genießen den herrlichen Blick über weites Land und die Stille. Kein Haus oder Hof versperrt hier die Aussicht, die unendliche Weite Ostfrieslands ist unsere Begleiterin auf der ganzen Strecke.

Später grüßen uns von weitem die Hafenkräne des einst steinreichen Handelsortes **Emden**. Gegründet wurde die größte Stadt Ostfrieslands bereits im 9. Jahrhundert als Handelsniederlassung auf einer *Warft*, einer künstlich aufgeworfenen Erhöhung zum Schutz vor der Flut. Daraus entwickelte sich eine bedeutende Seehandelsstadt, deren Blütezeit in der zweiten Hälfte des 16. Jahr-

hunderts lag. Die reiche Stadt konnte sich dank ihrer guten Handelsbeziehungen eine für das 17. Jahrhundert moderne **Festungsanlage** leisten, die sie vor den Verwüstungen im Dreißigjährigen Krieg bewahrte.

Im 20. Jahrhundert wurde ein Großteil der Stadt ein Opfer der Bomben. Nach altem Modell wurde sie wieder aufgebaut.

Vom **Rathausturm** hat man einen herrlichen Blick auf die Innenstadt, auf die teilweise noch erhaltenen Schutzwallanlagen und den Hafen. Auf den ehemaligen Festungswällen kann man einen einstündigen Spaziergang unterneh-

Hafeneinfahrt von Emden.

Rathaus der „Herrlichkeit Emden".

Aurich: Schleusenanlagen. Emden: Rathausturm, Wallanlagen, Ökowerk, Kaierweg, Emden-Borsum, Tel. 04921/56165, geöffnet Mo – Do 8–15 Uhr, Fr 8–13 Uhr, So 15–17 Uhr. BIB Naturerlebnispark am Ems-Seitenkanal, tägl. 10–18 Uhr, Tel. 04921/56477

• Gaststätte »Kukelorum« an der Rahester Schleuse, 26605 Aurich-Rahe, Tel. 04941/3055, Montag Ruhetag, Mahlzeiten tel. vorbestellen, regulär nur Snacks.
• Deutsche Bucht-Feuerschiff-Restaurant in Ratsdelft; 26721 Emden, Tel.04921/2237, geöffnet Mo 17–23 Uhr, Di – Fr 11–23 Uhr, So 11–17 Uhr

• Hotel-Restaurant »Falderspoort«, Courbierstr. 6, 26725 Emden, Tel. 04921/21075, Sonntag Ruhetag, sonst ab 17 Uhr

men. Die **Wallanlagen** wurde 1606–1616 von einem Emdener Festungsbaumeister errrichtet. Der **Stadtwall** hatte ursprünglich zehn Zwinger, die Festung wurde nie eingenommen. Die **Zwinger** wurden im 19. Jahrhundert teilweise mit Mühlen besetzt. Heute ist der Wall eine die Innenstadt umgebende **Grünanlage** mit herrlichen Spazier- und Radwegen.
Der sogenannte **sanfte Tourismus** ist ein deutliches Anzeichen für ein höchst erfreuliches Umdenken, das besonders in Ostfriesland allerorts bereits eingesetzt hat. Wie beispielhaft Emden sich diesem ebenso umweltbewußten wie -freundlichen

Tourismus verschrieben hat können wir im **Ökowerk** Emden erfahren, und außerdem im **Naturerlebnispark BIB** am Ems-Seitenkanal. Natur »zum Anfassen, Riechen und Schmecken« finden wir hier, umgeben von Bauern- und Kräutergärten, von Frosch- und Sumpfteichen.
Von der »Herrlichkeit Emdens« berichtete schon der große englische Dramatiker und Zeitgenosse Shakespeares Christopher Marlowe. Mit Emden verband England seit Jahrhunderten eine rege Seefahrts- und Handelsbeziehung.
Ein wenig von dieser Emdener Herrlichkeit möchten wir zum Schluß erfahren, bevor wir

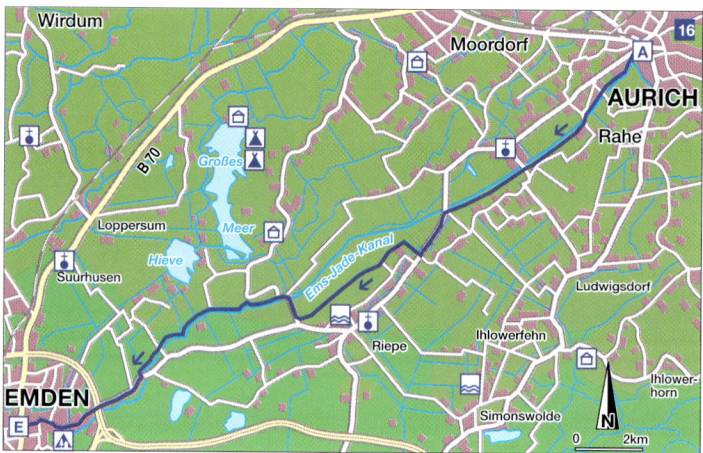

unseren Inter-Regio »Höllen-
talexpress« besteigen. Am
besten tun wir dies in einer der
zahlreichen typisch ostfriesischen Gaststuben.
Nach **Stadtbesichtigung**
und Einkehr radeln wir in Richtung Bahnhof. Am Ende des
Ems-Jade-Kanals in Emden
radeln wir an der *Kessel-
schleuse* rechts in die *Ufer-*

straße hinein, die uns zur
Wolthuser Straße führt. Hier
biegen wir links ab und folgen
diesem Weg über »Zwischen
beiden Bleichen« bis zur *Neu-
torstraße.*
Hier biegen wir links ein und
fahren dann nach rechts in die
Abdenastraße, die zum Bahnhof führt, wo unsere Tour
endet.

17 Durch das Harlinger Land

Auf Radwegen quer durch
das Harlinger Land führt
uns diese Route.
Wenn man sonntags unter-
wegs ist, kann man mit dem
Museumszug vom *Bahnhof
Norden* nach *Dornum* fahren.
Er pendelt jede volle Stunde

zwischen Norden, Hagen und
Dornum und benötigt 45
Minuten für diese Strecke. Ab
Dornum radeln wir.
Spielt man zu Sommerszeit vor
der Schloßkulisse in Dornum
die Geschichte einer Häupt-
lingsfrau (halb Geschichte,

halb Legende), so sucht man im fernen Jever noch immer nach Gräfin Maria (»Fräulein Maria«), die seit 1575 verschwunden ist, nachdem sie von einem unterirdischen Stadtgang nicht zurückkam, den sie von ihrem Schloß aus unternommen hatte. Noch immer hofft man, daß die Gräfin, die einst Jever so weise regierte, doch noch die Glocke hören wird, die allabendlich für sie ertönt. Der Radler sollte also vor 21 Uhr ankommen, wenn er das Suchsignal hören will.

Schon Plinius besuchte 50 n. Chr. das **Harlinger Land**, das wir jetzt durchradeln. «Zweimal in ungeheurer Weite tritt das Weltmeer in großartiger Bewegung mächtig heran und begräbt unter seinen Fluten einen Streitgegenstand der Natur, See oder Land, keiner mag es mit Gewißheit sagen. Dort haust ein bejammernswertes Volk auf hohen Erhebungen und auf künstlichen, nach Maßgaben der letzten Flut aufgeworfenen Hügeln. Auf ihnen stehen ihre Hütten.« Trotz der erwähnten Flutungen durch das Meer finden wir hier noch Zeugnisse aus vorgeschichtlicher Zeit: Hunderte von **Hügelgräbern** und **Großsteingräbern** aus der jüngeren Steinzeit bei Dunum. Den Radler erwarten auf der

Strecke stattliche Höfe, die ihm, wie überall in Ostfriesland, ein gastliches Willkommen bereiten. Plinius hätte seine wahre Freude, zählte er heute zu den Reisegenossen.

Ob Plinius allerdings schon das Straßenspiel Ostfrieslands kannte ist fraglich: **Boßeln** hat auf Ostfrieslands Landstraßen Vorrecht. Was dem Südfranzosen sein Boulespiel, ist dem Ostfriesen sein Boßeln. Die dabei mitgeführte Netzangel ist für das Fischen der Holzkugeln aus dem Straßengraben nötig. Die Flasche mit dem Klaren, die hie und da am Straßenrand steht, dient den Spielern als Gutwettergarant! Es gilt als verpönt, das Spiel mit dem Rad zu durchkreuzen. Man wartet geduldig, bis die Boßelpartie zu Ende ist. Das ist ein Gebot der Höflichkeit – am besten nutzt man die Zeit, um eine Runde mitzuspielen.

Wir folgen von Dornum bis **Esens** dem in Tour 9 beschriebenen Radweg, allerdings in umgekehrter Richtung. Von Esens fahren wir auf dem *Ostfriesland-Wanderweg* nach *Dunum,* wo wir auf ein friesisches Gräberfeld aus dem 5.–10. Jh. stoßen. Abseits liegt der zehn Meter hohe bronzezeitliche Grabhügel, der aber sehr schlecht zugänglich ist. Wir radeln weiter nach *Mid-*

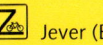 Norden (Bhf.) bzw. Dornum (Museumsbahn)

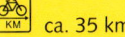 Jever (Bhf.)

 ca. 35 km

Norden (Bhf.) – Dornum – Holtgast – Esens – Dunum – Wittmund – Jever

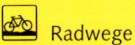 Radwege

Dunum:
Hügelgrab,
Großsteingräber.
Wittmund: Pel-
demühle von
1741 und
Heimatmuseum,
geöffnet April –
Okt Di – Sa
10–12.30 Uhr
und 14–17.30
Uhr, So 10–12
Uhr
Jever: Heimatmu-
seum und Schloß
mit kleinem
Schloßpark, Tel.
04461/2106,
geöffnet März –
Dez. Di – Sa
10–13 Uhr und
15–17 Uhr, So
11–13 und
15–17 Uhr,
Führung nach
Vereinbarung,
weitere Infos
beim Verkehrs-
verein, Tel.
04461/3091

Restaurant
»Hilger-
steen«, 26409
Wittmund-
Ardorf, tägl. ab
11 Uhr geöffnet,
Dienstag Ruhe-
tag (Okt.–April)

Hotel-Pensi-
on »Stö-
ber«, Hohnholz-
str. 10, 26441
Jever, Tel.
04461/5580

dels und von hier nach **Witt-mund** und *Jever*.

Jever ist Sitz des Landkreises Friesland und kultureller und wirtschaftlicher Mittelpunkt der Region. Die Stadt erlebte ihre Blütezeit im 16. Jahrhundert unter Gräfin Maria, im Volksmund »Fräulein Maria« genannt. So ist ihr Schloß auch die herausragende Sehenswürdigkeit. Im Schloß aus dem 15. Jahrhundert befindet sich heute das Heimatmuseum. Sehenswert ist auch die Altstadt mit Wall und Graben, gepflegten Bürgerhäusern und dem Rathausturm um 1609.

Jever steht ganz im Zeichen des Biers. Bierseminare, **Bierakademie** und das Friesische Brauhaus. Hier wird das berühmt Helle gebraut, Ostfrieslands bekanntester Gerstensaft, dem die Stadt denn einmal im Jahr ein Fest widmet. In der ersten Januarwoche feiert man alljährlich das **Püttbierfest**.

Gut essen und trinken kann man im »Haus der Getreuen«, im Schloß-Café gibts eine typische Gebäckspezialität.

Schleswig-Holstein – meerumschlungen

Im Westen brandet die Nordsee, Deiche schützen das flache Bauernland der Marsche vor dem Meer. Die großen Städte Schleswigs säumt die Ostsee. Dahinter wellt – im Gegensatz zur Westküste – hügeliges fruchtbares Land.

Das ehemalige Herzogtum Schleswig wird im Süden durch die **Eider** von Holstein getrennt. Der Name **»Holsteinische Schweiz«** kommt vom Gesteinsschutt, den die Gletscher aus der letzten Eiszeit mit sich führten.

Vom hügeligen Holstein geht es hinüber nach Schleswig, an das im Norden das dänische Jütland angrenzt. Zur Westseite hin schließen sich die **Dithmarschen** an, das flache Land, das an die Nordsee grenzt, mit seinen vorgelagerten Inseln und den zehn Halligen. Die Halligen – zwischen der Halbinsel Eiderstedt im Süden und den Inseln Amrum und Föhr im Norden – sind Reste der durch große Sturmfluten zerstörten Küste »Wie Träume liegen die Inseln im Nebel

Rast in Ratzeburg.

auf dem Meer«, schreibt Theodor Storm, der große Sohn Husums. Hier gibt es nichts Dramatisches – nein, nur Himmel und Weite. Wo Wasser und Wolken aufeinandertreffen, das ist die Landschaft Nordfrieslands, die wir von Husum aus in großen Sterntouren immer wieder durchradeln, und die uns anzieht wie ein Magnet.

Mehrere Wochen sind wir unterwegs durch Schleswig-Holstein, auf runde 500 Kilometer kommen wir, wenn wir alle Touren zusammenrechnen. Bei aller landschaftlichen Unterschiedlichkeit eint die Bewohner des »Hohen Nordens« ihre Liebe zur See.

Stattliche Höfe säumen unsere Wege, eingebettet in üppiges Grün, die Dächer tief herabgezogen, um dem Wind keine Angriffsfläche zu bieten. Voll herzlicher Wärme empfängt man uns hier im angeblich so kühlen Norden.

Die Küche ist eher deftiger Natur. Man ißt hier oben gut und reichlich, und der Fisch steht auf der Speisekarte oben an. An der Nordseeküste gehören die Krabben vom Frühstück bis zum Abendessen auf die Speisekarte, und wer würde, während er gegen den Wind anradelt, nicht ins Schwärmen geraten beim Gedanken an ein Krabbenbrot. Zum Essen trinkt man im allgemeinen Bier. Beliebt ist Teepunsch – Tee mit Köm – doch als wichtigstes Getränk des Landes gilt noch immer der Rum, vor allem der Rum-Grog. Heimat- und traditionsbewußt ist man hier im Norden allemal. Hafen- und Strandfeste werden in der Hochsaison gefeiert, allen voran die Kappelner Heringstage, Jahrmärkte im Frühjahr, Sommer und Herbst. Beliebt

sind auch Schützenfeste und das Vogelschießen.

Von der Küste bis zu den Inseln ist jedoch das wichtigste Ereignis das **Biike-Brennen** am 21. Februar mit dem darauffolgenden Petri-Tag.

Das Biike-Brennen geht wohl auf germanische Ursprünge zurück, es gilt, »den Winter auszutreiben« mit riesigen lodernden Strandfeuern entlang der ganzen Küste.

Das **Rummelpott-Laufen** ist eine festliche Verabschiedung des alten Jahres am Sylvesterabend mit Rum und Gesang. Es stammt noch aus der Zeit, als die Walfänger und Robbenjäger auf Sylt heimisch waren – der Name ist wohl eine Anlehnung an den Rumpott mit dem rumreichen Trank, eine Mischung aus Rum und Rotwein, der glühendheiß getrunken wird und auch heute noch »Walfänger« heißt. Mein Mitradler bezeichnete ihn aber trefflicher als »Bauernfänger«, wegen des gesalzenen Preises.

An der Westküste ist das sommerliche **Ringreiten** an jedem kleinen Ort beliebt, und es finden landesweit Wettbewerbe statt. Dieses Geschicklichkeitsspiel hoch zu Roß wird durch reichlich »Zielwasser« angeregt. Es gilt, vom galoppierenden Pferd aus drei auf einem Seil aufgespannte Ringe mit einer Holzlanze zu durchbohren. Der Sieger wird zum »Ringreiterkönig« gekürt und entsprechend gefeiert.

Herrenhäuser, **Schlösser** und prächtige **Gutshöfe** liegen auf unserer Strecke, und niemals sind wir weit vom Wasser entfernt, immer ist die See oder ein Fluß in Sichtweite.

18 Eulenspiegeltour – von Lübeck nach Mölln

Ausgangspunkt unserer ersten Tour ist **Lübeck**. Die ursprünglich slawische Siedlung aus »Liubice« (Stadtgründung Lübeck 1143) wuchs zur Stadt und avancierte bald auch zur führenden deutschen Handelsstadt im Ost-West-Handel.

Den Höhepunkt ihrer Macht erreichte die Stadt in der Vormachtstellung des Städtebundes der **Hanse** um 1350. Aus dieser Zeit stammt die erste künstliche Wasserstraße Nordeuropas, der von Lübeck gebaute **Stecknitzkanal** von der Trave zur Elbe (1395).

 Lübeck (Bhf.)

 Mölln

 45–50 km

 Lübeck – Groß-Grönau – Groß-Sarau – Buchholz – Ratzeburg-Salem – Seedorf – Sterley – Neuhorst – Lehmrade – Mölln

 fein geschotterter Weg am Ratzeburger See

Mölln,
die Stadt Till
Eulenspiegels.

Lübeck:
Rathaus,
Holstentor, Dom-
bezirk, Altstadt,
Niederegger, St.
Annen-Museum.
Ratzeburg: Dom,
Barlach-Museum.
Mölln: Paul-
Weber-Haus, Till-
Eulenspiegel-
Denkmal und
-Museum

• Lübecker
Schifferge-
sellschaft, Brei-
tengasse, Lübeck
• Restaurant
»Rauchfang«,
Domstr. 12,
23909 Ratze-
burg, Tel.
04541/82907

• Ute Luft,
Rönnauer-
weg 20, 23570
Lübeck, Tel.
04502/74790,
Bhf. Travemün-
de-Hafen, auf
Wunsch Abho-
lung vom Bhf.
• Hof Farchau,
23909 Ratze-
burg, Tel.
04541/2575,
(3 km von Bhf.
Ratzeburg)
• Hof Tangen-
berg, Ratzebur-
ger Straße,
23879 Mölln

Mit dem Niedergang der Hanse um 1630 war auch die Blütezeit von Lübeck vorbei. Mit der Öffnung des **Nord-Ostsee-Kanals** um 1900 erlebte Lübeck jedoch einen neuen Aufschwung. Nach dem 2. Weltkrieg, bei dem ein Großteil der Altstadt bei einem Luftangriff in nur einer Nacht zerstört wurde (1942) ist Lübeck Heimat Tausender Ostflüchtlinge geworden.

Lübecks **Altstadt** wurde 1987 von der UNESCO in die Liste »**Kultur- und Naturerbe der Welt**« aufgenommen. Deutschlands ältestes **Rathaus**, das auch noch als solches genutzt wird, ist ein imposantes dreiteiliges Gebäude, das den Marktplatz dominiert. Der Nordbau (um 1230) erhielt zu Beginn des 15. Jahrhunderts eine neue Fassade mit Windlöchern, um die Windlast zu verteilen. Weithin sichtbar ist das Wahrzeichen der Stadt, das **Holstentor** von 1466, in dem heute das **Stadtgeschichtliche Museum** untergebracht ist.

Am Südende der Altstadt befindet sich der **Dombezirk** mit dem 1173 gegründeten Dom und seinen zwei mächtigen Türmen und einer dreischiffigen gotischen Hallenkirche.

Die bekanntesten **Patrizier-Häuser** sind das Budden-brook-Haus (Fassade von 1758), das im 19. Jahrhundert im Besitz der Familie Mann war. Hier schrieb Thomas Mann seine Saga über die Buddenbrooks, wonach auch das Haus benannt ist.

Anschauungsunterricht über die verschiedenen **Baustile** erhält man in der Straße *Große Petersgrube* – gotische, barocke und klassizistische Häuser wechseln sich dort ab. Schatzkammer mittelalterlicher Kirchenkunst und Lübecker Wohnkultur ist das **St. Annen-Museum** im spätgotischen St. Annen-Kloster (1515).

Wichtig für uns, die wir nach ländlicher Kultur schauen, ist die **Glockengießerstraße**. Hier liegen die schönsten Höfe dicht beieinander: der **Füchtingshof** von 1639, das **Ilhorn-Stift** von 1438 sowie **Glandorps-Gang** und **Glandorps-Hof**. Sogenannte Gänge verbinden jeweils den Hinterhof mit der Straße – gerade noch breit genug, um eine Sargkiste durchzutragen. Berühmt ist Lübeck schon seit dem 14. Jahrhundert für sein **Marzipan**, der zuerst in Apotheken verkauft wurde. Doch bereits 1905 gab es 28 Marzipanfabriken. Niederegger, die bekannteste, führt ein Café in der Breitenstraße. Eine weitere Spezialität

Lübecks ist importierter Rotwein, sogenannter **»Rotspon«**. Seit 1668 ist die Weinhandlung Tesdorpf in der Mengstraße hierfür die erste Adresse.

In Lübeck speist man gerne in alten Räumen, am bekanntesten ist die **Lübecker Schiffergesellschaft** (Breitenstraße).

Im **Ratskeller** am Markt wird mitten unter den Gästen Bier gebraut. Wichtige Feste Lübecks sind das **Altstadtfest** im September und das **Vogelschießen** im August.

Unser Weg aus Lübeck heraus führt vom *Hauptbahnhof* über den *Lindenplatz* und das *Holstentor* zum *Kohlmarkt*, wo wir rechts in die *Sandstraße* einbiegen. Danach schwenken wir links in den *Klingenberg*, dann geht es geradeaus entlang der *Mühlenstraße* zur *Ratzeburger Allee*. Wir folgen der *B 207* bis zum Fährhaus Rotenhusen, dann auf einem Weg direkt am **Ratzeburger See** entlang bis hinein in die Altstadt von Ratzeburg. 900 Jahre alt ist Ratzeburg, die Burg allerdings, die der Stadt ihren Namen gab, ist verschwunden, auch wenn hie und da ein Relikt aus der Vergangenheit gefunden wird. Wahrzeichen Ratzeburgs, inmitten des Sees gelegen, ist der **Dom** mit dem Löwen

(Symbol für Heinrich den Löwen). Die große neue Orgel im Dom ist zum Mekka der Organisten aus aller Welt geworden.

Für Barlach-Fans ist das Ernst **Barlach-Museum** von großer Wichtigkeit (Barlach Platz).

Ratzeburg ist ideal geeignet für kombinierte Rad-, Wander- und Schiffsausflüge. Berühmt ist außerdem das **Aquasiva**, ein Mineralwasser-Hallenbad. Zudem ist Ratzeburg Hochburg des Rudersports.

Wir fahren durch Ratzeburg

hindurch, von der *Lübecker Straße* kommend, über den *Lüneburger Damm*. Dann geht es über den *Königsdamm*, rechts in die *Schweriner Straße* und die *Seedorfer Straße*. Danach fahren wir links in den *Salemer Weg* und am *Salemer See* entlang nach *Sterley*. Von hier aus steuern wir *Neuhorst* an und dann *Lehmrade*. In Lehmrade radeln wir rechts nach **Mölln**. Die Stadt Mölln entstand im 12. Jahrhundert als **Inselsiedlung**. Während der Blütezeit der Hanse war sie wichtige Etappe an der Alten Salzstraße. Im 14. Jahrhundert wurde Mölln ausgebaut und befestigt. Der Stadtkern ist gut erhalten. Die Möllner **Stadt-kirche**, ein spitzgiebeliger roter Backsteinbau, liegt auf einem Hügel in der Altstadt und ist typisch für ganz Norddeutschland. Alle zwei Jahre feiert man im August das **Altstadtfest**.

Mölln ist heute **Kneipp-Kurort** und auch die Stadt **Till Eulenspiegels**. Hier lebte der Hofnarr des Volkes, der den Leuten den Spiegel ihrer Verlogenheit vorhält. 1350 soll er an der Pest gestorben sein. Angeblich ist bei seiner Beerdigung ein Seil gerissen, so daß er nun senkrecht im Grab steht.

Unterhalb der Kirche steht sein Denkmal.

Das **Eulenspiegel-Muse-um** liegt gegenüber der Kirche und dem Eugenspiegeldenkmal. Es sind Episoden aus seinem Leben dargestellt, Erinnerung an den weisen Narren von Mölln.

Jedes Jahr im Juli feiert man den Geburtstag Till Eulenspiegels.

Mit dem Zug fahren wir nun von Mölln zurück nach Lübeck, und von dort geht es durch die wunderschöne Holsteinische Schweiz nach Plön.

19 Rund um die Plöner Seenplatte

Plön ist von der **Plöner Seenplatte** umgeben, um die diese Rundtour führt. Wir fahren am Großen Plöner See, Schöhsee, zwischen Schluensee und Behlersee, am Dieksee und am Kellersee vorbei. Der Große Plöner See ist der größte See in Schleswig-Holstein. Sein Fischreichtum, sauberes Wasser und die reiche Vogelwelt machen ihn zu

![Unterwegs zwischen Plön und Kiel.]

Unterwegs zwischen Plön und Kiel.

einem einzigartigen Naturrefugium.

Der Ortsname Plön stammt von der wendischen Burg »Plune«. Nach ihrer Zerstörung (1139) wurden Befestigung und Siedlung wieder aufgebaut. Das bis 1636 erbaute und im 18. Jahrhundert erweiterte Schloß ging 1761 in den Besitz der dänischen Könige über. Es wurde Kadettenanstalt und 1866 Schulstätte. Sehenswerte historische Bauten sind die ehemalige Hofkapelle aus dem 17. Jahrhundert und das Kreismusem, das Aufschluß über Stadtgeschichte und Region gibt.

Plön genießt einen hervorragenden Ruf als **Segelzentrum**. Auf der **Großen Plöner Seerundfahrt** mit der bekannten Fahrt nach **Malente** kann man die Landschaft vom Wasser aus entdecken (den Schiffsführer fragen, ob das Rad mit darf, was möglich ist, wenn das Schiff nicht zu voll ist).

Man sollte Plön auch nicht ver-

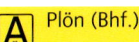 Plön (Bhf.)

 wie Ausgangsort (Rundtour)

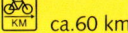 ca.60 km

 Plön – Behl – Malente – Sielbeck – Fissau – Eutin – Kreuzfeld – Bosau – Bredenbek – Nehmten – Sepel – Ascheberg – Plön

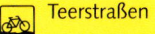 Teerstraßen

19

Plön:
Renais-
sance-Schloß,
Pavillon und nie-
dersächsisches
Bauernhaus auf
der Prinzeninsel,
Kreismuseum
(montags
geschlossen).
Bosau: alte Feld-
steinkirche.
Eutin: Schloß mit
Garten, Michae-
liskirche

• Hotel
Touristic,
August-Thiene-
mann-Straße,
243006 Plön, Tel.
04522/8132
• Altes Fährhaus
Plön, gutes Fisch-
lokal, tägl. geöff-
net

• Hotel
Touristic,
Plön, siehe Ein-
kehr-möglichkei-
ten

lassen, ohne gebratenen Aal oder Plöner See-Maränen geräuchert oder frisch probiert zu haben.

Wir beginnen unsere Tour am *Plöner Bahnhof*, der weiß gekalkt ist und einen Rundbogen hat. Von der *Bahnhofstraße* fahren wir auf die B 430 (*Lutjenburger Straße*), biegen dann rechts in den *Rathsberg* und *Behlerweg*. Von hier geht es nach *Behl* und *Malente-Neversfelde* weiter. Durch Malente radeln wir über *Sielbeck* und *Fissau* nach **Eutin**. Die auch als »Rosenstadt« bekannte Stadt ist über 8.000 Jahre alt und hat viele Fachwerkhäuser aus dem 18. Jahrhundert. Carl Maria von Weber wurde hier geboren. Sehenswert sind das Schloß mit dem schönen Schloßgarten und die spätromanische Michaeliskirche aus dem 12. Jahrhundert.

Wir verlassen Eutin Richtung *Malente,* bleiben aber auf der Straße nach *Oberkleveez* und radeln auf die B 76 zu. Wir überqueren sie und fahren am *Vierersee* vorbei Richtung *Bosau.*

Von hier geht es weiter nach *Bredenbek* und dort rechts in Richtung *Ascheberg*. Von Bredenbek sind es noch etwa zwei Kilometer nach *Nehmten*. Anschließend fahren wir über *Sepel* zurück nach *Plön*, dem Ausgangspunkt unserer Tour.

In Etappen von Plön nach Schleswig

20 Von Plön nach Kiel

Vom *Plöner Bahnhof* halten wir uns links und fahren durch die *Bahnhofstraße, Lübecker Straße, Lange Straße* und *Hamburger Straße* auf die *Ascheberger Chaussee* (B 430). Dann biegen wir rechts ab und radeln durch die *Klei-* ne *Straße* nach *Koppelsberg* und **Wahlstorf** mit seinem herrlichen Landgut. Weiter geht es über *Kühren* (alternativ über *Klein Kühren*) nach **Preetz**, wo uns eine schöne Backsteingotik-Kirche mit prächtigem Chorgestühl

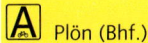 Plön (Bhf.)

 Kiel (Bhf.)

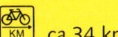 ca. 34 km

🚲 Plön – Koppelsberg – Wahlstorf – Kühren – Preetz – Pohnsdorf – Rönne – Kiel

🚲 kleine Straßen, befestigte Wirtschaftswege

🏛 Wahlstorf: Landgut. Preetz: Kirche, Zirkusmuseum, Mühlenstraße, geöffnet Mi 17–20 Uhr, Sa 15–18 Uhr, sonn- und feiertags. Kiel: Institut für Meereskunde, Dästerbrooker Weg 20, tägl. geöffnet, Stadt- museum, Däni- sche Str. 19, Schiffahrtsmuse- um in der alten Fischhalle, Wall 65, alle Museen montags geschlossen

Blühendes Rapsfeld bei Surendorf.

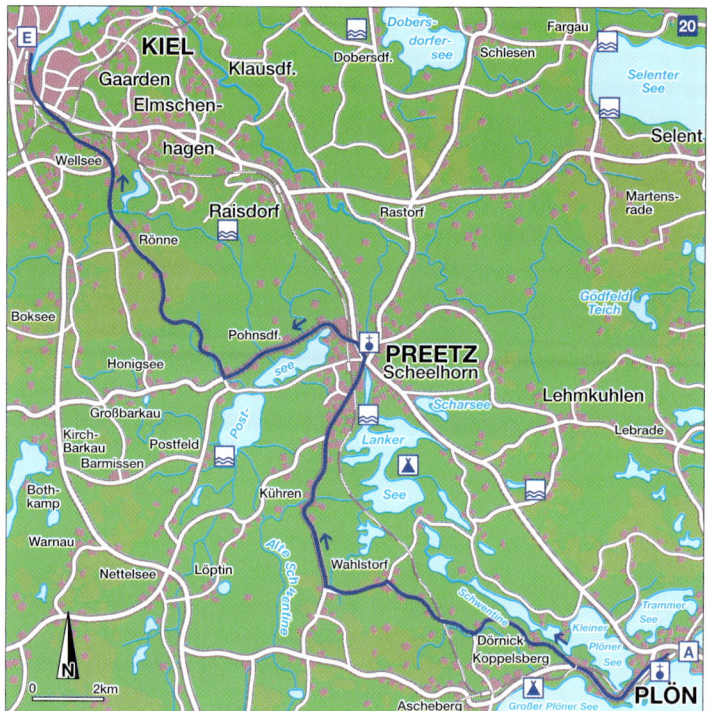

erwartet. Weitere klösterliche Bauten sind das Torhaus (1737), das Klosterstift (1755) und das Konventhaus (1456). Von Preetz fahren wir den Postsee entlang und über *Pohnsdorf* nach *Rönne* und bis **Kiel**.

Wie ein Keil schneidet die Stadt in die Landschaft und hat daher auch ihren mittelalterlichen Namen »tom Kyle« erhalten.

In Kiel folgen wir der Ausschilderung zum Wegweiser *Hafen* bzw. zu den Fähren (*Oslokai*) und dann der »*Strandpromenade*«.

21 Von Kiel nach Eckernförde

Kiel wurde im 2. Weltkrieg weitgehend zerstört, ist seit 1945 Landeshauptstadt und heute wieder **Handels-** und **Marinehafen**. Auf der rechten Seite der Kieler Förde liegt eine der größten deutschen Werften, die Howaldtswerke - Deutsche Werft AG (HDW). Vom Oslokai hat man einen guten Blick auf diese Werft. Neben Maschinen- und Motorenbau – vom gigantischen Diesel für Supertanker bis zum winzigen nautischen Gerät – hat allerdings die »weiße Industrie«, der Tourismus, ständig wachsende Bedeutung. Vor allem durch seinen **Fährverkehr** nach Schweden, Norwegen und Dänemark ist Kiel ein wichtiger Anleger geworden.

Sportliche, gesellschaftliche unf touristische Höhepunkte dieser Stadt sind die **Kieler Woche** und die große Schau der **Windjammerparaden**. Sehenswert für uns ist das **Schleswig-Holsteinische Freilichtmuseum** vor den Toren Kiels, eine Stätte, die die alten bäuerlichen Traditionen wiederbelebt. Man hat hier ein sogenanntes »lebendes Museum« gestartet. Der Webstuhl klappert, das Backhaus liefert ofenfrisches Brot, und

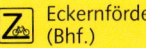

A Kiel (Bhf.)

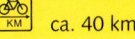

Z Eckernförde (Bhf.)

🚲 KM ca. 40 km

Rast in der Fischersiedlung Holm.

**Eckernförde:
Räucherfisch
vom Kuttern,
noch rauchwarm!**

🚲 Kiel –
(Fähre) Hol-
tenau –
Friedrichsort –
Schilksee – Stran-
de – Dänisch
Nienhof – Suren-
dorf – Lindhöft –
Eckernförde

🚲 gute
Straßen

aus der Räucherkate steigt
Rauch empor.
Zwischen der Kieler Förde und
der Eckernförder Bucht weisen

die Ortsnamen darauf hin, daß
diese Gegend vor dem
preußisch-dänischen Krieg
von 1864 zu Dänemark gehör-

🏛 Kiel: siehe
Tour 20.
Schilksee: Wind-
flügelplastik im
Olympiahafen.
Eckernförde:
Heimatmuseum
im Rathaus,
geöffnet Mi – Sa
Nachmittag und
Sa/So Vormittag,
Juli – August tägl.

🍴 • Ratskeller
am Rathaus,
Eckernförde, tägl.
geöffnet, beste
regionale Küche

🛏 • Pension-
Gästehaus
Meyer, Rosen-
kranzer Weg 15,
24214 Schinkel
(Bhf. Kiel 12 km,
auf Wunsch
Abholung)

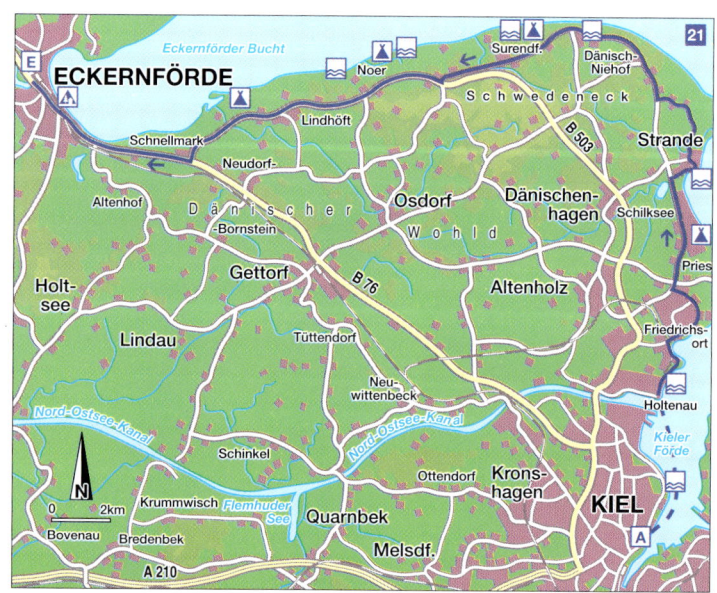

74

te: Däischenhagen, Dänischer Wohld und Dänisch Nienhof sind einige Beispiele.

Wir beginnen unsere Fahrt am *Kieler Hauptbahnhof* und radeln über die *Kaistraße* und den *Düsternbrookerweg* an der Kieler Förde entlang bis zur *Fähre Kiel-Holtenau*. Von Holtenau geht es über *Friedrichsort* nach **Bad Schilsee**, wo 1972 die Segelwettfahrten der Olympiade stattfanden. Von Bad Schilsee radeln wir auf der Küstenstraße über *Strande*, *Dänisch-Niehof* und *Lindhöft* nach **Eckernförde**.

Eckernförde ist eine kleine Hafenstadt mit Schiffsverkehr und Fischerei, bekannt für ihre hervorragenden geräucherten Makrelen. Sie ist baumbestanden und kopfsteingepflastert, ein wundervoller, heiterbeschaulicher Ort.

22 Von Eckernförde nach Schleswig

Eckernförde, zwischen dem **Windebyer Noor** und der **Eckernförder Bucht** gelegen, ist eine alte Fischersiedlung aus dem 12. Jahrhundert. 1416 zerstörten die Dänen die Stadt gründlich, aber nach dem Wiederaufbau

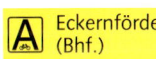 Eckernförde (Bhf.)

 Schleswig

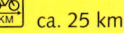 ca. 25 km

Eckernförde – Kochendorf – Fleckeby – Güby – Schleswig

 Nebenstraßen, B 76 bis Fleckeby mit Radweg

Kai in Eckernförde.

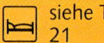 Eckernför-
de: Rathaus
(16. u. 17. Jh.),
Nikolaikirche mit
Schutzaltar von
Hans Gudewerdt

• Ratskeller
am Rathaus,
Eckernförde.
• Schleimöve,
Süderhornstr. 8,
24837 Schleswig,
Tel. 04621/
24309, tägl. ab
11.30 Uhr geöff-
net

siehe Tour
21

im 16. Jahrhundert erfolgte der große wirtschaftliche Aufschwung.

Fischerei, Schiffahrt und Handel florierten. Auch das Holzschnitzerhandwerk erlebte eine Blüte, vor allem die Werkstatt von Hans Gudewerdt d. J. 1600–1671, der eine besondere Form der Barockplastik, den *Knorpelstil* entwickelte. Bemerkenswert ist die Nikolaikirche, in der schöne Beispiele der Schnitzkunst Gudewerdts zu sehen sind. Prächtig ist der Schutzaltar um 1640. Adelige Gutsbesitzer siedelten zunehmend in Eckernförde an. Nach dem Dreißigjährigen Krieg setzte eine weitere wirtschaftliche Blüte ein, und im 18. Jahrhundert machte sich die **Porzellanmanufaktur** einen Namen.

Heute ist Eckernförde hauptsächlich **Fischerort** und **Seebad**, es gibt ein Meerwasserwellen- und ein Strandbad.

Im August erlebt Eckernförde mit seinem weit über die Stadt-

grenzen bekannten Volksfest große Tage.

Die *Reeperbahn* ist nicht immer eine Meile der Lust – in Eckernförde liegt der *Bahnhof* an der Reeperbahn.

Über die *Bahnhofstraße* gelangen wir in die Fußgängerzone der *Kieler Straße*. Dort stoßen wir auf den *Rathausmarkt* und die *Nikolaikirche*. Von der Kieler Straße kommen wir in die *Frau-Klara-Straße* und von dort zum *Innenhafen* links oder Außenhafen rechts von der Holzbrücke. Am Innenhafen entlang stoßen wir linkerhand wieder auf die *Reeperbahn* und radeln am Bahnhof vorbei auf den *Lornsenplatz*. Von hier aus fahren wir Richtung B 76, die uns nach *Fleckeby* führt. Ab Fleckeby geht es auf Nebenstraßen über *Borgwedel* und *Fahrdorf* nach Schleswig. Bei Fahrdorf haben wir einen Blick über die Schlei zum mächtigen gotischen Dom St. Petri von Schleswig.

Weitere Touren um Schleswig

23 Kleine Rundtour um Schleswig

Diese Tour können Sie bequem in zwei Etappen einteilen: Sie radeln zunächst von Schleswig über Brodersby und Missunde nach Eckernförde (25 km) und legen dann die zweite Etappe über Fleckeby, Borgwedel, Stexwig und Fahrdorf nach Schleswig zurück (35 km).

Schleswig, mit Dom auf der rechten Seite der Schlei, hölzernem Bootssteg, der weit hineinreicht in das saubere Wasser der Schlei, ist ein beliebter Segelort. Kulinarische Spezialität dieser Gegend: Schleiheringe gebraten.

Die Bahnlinie verläuft direkt nach Schleswig hinein. Der Bahnhof liegt im Ortsteil Friedrichsberg.

Über die *Bahnhofstraße, Gottorferstraße, Schleistraße, Körigstraße* und *Plessenstraße* gelangt man in die Altstadt. Nachdem wir den **Dom** mit sehr schönengotischen Wand-

Der Hafen von Maasholm.

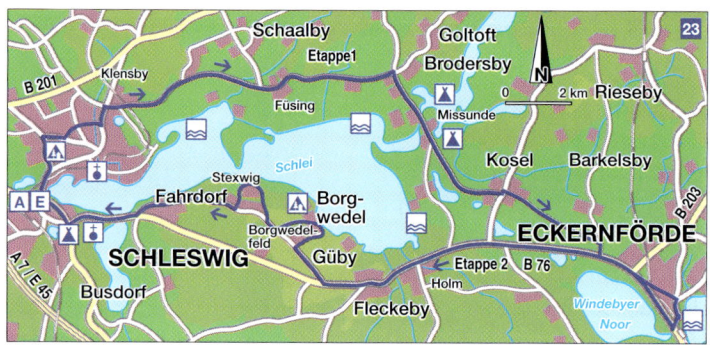

Schleswig (Bhf.)

Schleswig (Bhf.)

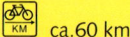
ca. 60 km

Schleswig – Brodersby – Missunde – Eckernförde – Fleckeby – Borgwedel – Stexwig – Fahrdorf – Schleswig

leicht wellig, z. T. unbefestigte Wege

malereien, Brückemann-Altar und Dreikönigsseitenaltar von innen und außen genügend bewundert haben, wenden wir uns den kleinen, sehr gepflegten Straßen mit den renovierten Häuschen der Altstadt zu. Alles wird liebevoll gehegt und gepflegt. Bis zum Türgriff strahlt Schleswig Ruhe und Behäbigkeit aus. Das Rathaus, ein altes gotisches Gebäude mit stilgerechter Innenrenovierung, beherbergt die gesamte Stadtverwaltung.

In Schleswig sollte man ein paar Tage bleiben, denn es ist nicht weit zu einem der bedeutendsten Schlösser Schleswig-Holsteins, **Schloß Gottorf**. Man erreicht es von der Innenstadt über die Gottorfer Straße. Die im 12. Jahrhundert gegründete Wasserburg wurde im 16. Jahrhundert zum Renaissanceschloß ausgebaut und zählt zu den schönsten Bauten des Landes. Nach wechselvoller Geschichte ist

das Schloß seit 1977 **Landesmuseum** und zeigt vor allem Kunsthandwerk und Wohnkultur aus allen Gegenden Schleswig-Holsteins.

Interessant ist auch die Fischersiedlung **Holm** (= Erhöhung), im 18. Jahrhundert auf einer Insel um eine kleine Kirche angelegt. Bis vor 55 Jahren war Holm tatsächlich noch eine Insel, und noch immer kann sich der Besucher dem Zauber dieses kopfsteingepflasterten Idylls mit seinen rosenumrankten Fischerkaten nicht entziehen.

Südlich der Stadt finden wir noch die Reste der einst von den Dänen im 9. Jahrhundert angelegten **Wallanlage**, zum Schutz der Landenge zwischen Treene und Schlei mit der alten Wikingersiedlung **Haithabu**. Heute ist ein museumspädagogisch vorbildlich angelegtes Museum untergebracht, das Aufschluß über die Lebensweise der Wikinger gibt.

Wikinger hatten den Ort auf der Heide (= *haithabu*) vor 1200 Jahren gegründet. Haithabu wurde zum wichtigsten Umschlagplatz an der Schlei für den Nord- und Ostseehandel. Was einst norwegische Wikinger begonnen hatten, wurde später ein Opfer wendischer Horden, und mit dem Untergang Haithabus begann der Aufstieg des gegenüberliegenden **Schleswig**.

Im 12. Jahrhundert erhielt Schleswig sein Stadtrecht. Die kräftige wirtschaftliche Blüte im 11. und 12. Jahrhundert endete aber durch die zunehmende Bevorzugung der Fernhandelswege über Hamburg und Lübeck statt auf Eider, Treene und Schlei, was auch zur Stärkung der Hansestadt Lübeck führte.

Schleswig wurde zu einer Bauern- und Handwerkerstadt unter dänischer Stadthaltung, die in Schloß Gottorf residierte.

Im 19. Jahrhundert wurde die deutsch-dänische Auseinadersetzung in Schleswig besonders hart geführt. Schleswig war von 1867 bis zur Auflösung Preußens Hauptstadt der preußischen Provinz Schleswig-Holstein. 1945 wurde Kiel die Hauptstadt des späteren Bundeslandes Schleswig-Holstein.

Heute ist die frühmittelalterliche Handelsmetropole ein Mekka für die Segler und Surfer auf der Schlei.

Schönste Feste des Jahres sind das **Schützenfest** im Juni/Juli, der **Peermarkt** im August sowie die **Schloßspiele**. im Juli/August.

Die berühmten Schleiheringe ißt man besonders gut in der Strandhalle am Yachthafen , wo man zugleich die herrliche Aussicht genießen kann.

Schleswig: Dom, Landesmuseum, Schloß Gottorf, Wallanlage, Haithabu

• Schleimöve, Schleswig, siehe Tour 22

• Karen Lange, Standorf, 24340 Gut Hoffmannsthal / Post Eckernförde, Tel. 04351/41343

24 Große Rundtour um Schleswig

Diese Tour verläuft auf zum Teil unbefestigten, holprigen oder grasbedeckten Radwegen an der Schlei, und wir müssen schon mal vom Rad steigen und schieben, dafür haben wir aber »Natur pur« am Flußufer. Vom *Bahnhof Schleswig* radeln wir in die *Manstein Straße*, von hier geradeaus in die Straße »*Zum Ohr*« und nach wenigen Metern rechts in einen befahrbaren *Wanderweg (Markie-*

 Schleswig (Bhf.)

 Kappeln, Schleswig (Bhf.)

 ca. 90km

ETAPPE 1:
Schleswig – Fahrdorf – Borgwedel – Güby – Fleckeby – Kosel – Bohnert – Rieseby – Krieseby – Sieseby – Winnemark – Kappeln – Maasholm (ca. 50 km)
ETAPPE 2: Maasholm – Kappeln – Grödersby – Ulsnitz – Brodersby – Klensby – Schleswig (ca. 40 km)

 leicht welliges Gelände

 teils gut, teils kaum befestigte (Rad)Wege, manchmal sandig oder mit Gras bewachsen

Kappeln: Nikolaikirche, Hafen. Maasholm: Häuser aus dem 18. und 19. Jahrhundert

• Martenses Gasthof, Kappeln

• Ruth Schnack, »Loitmarksfeld«, Klemensholl 7, 24376 Kappeln, Tel. 04642/ 81994

rung 4). Beim Minigolfplatz in *Haddeby* biegen wir nach links auf die *B 76* und nach dem Ehrenfriedhof wieder links in die *Dorfstraße* von *Fahrdorf*. Wir durchqueren Fahrdorf und radeln nach *Borgweel*. Bei *Güby* biegen wir links auf die B 76 Richtung *Eckernförde*. Ab dem Ort *Schlei* besteht ein Radweg, der uns nach *Kosel* führt. Über *Bohnert* radeln wir nun in Richtung *Rieseby* und biegen kurz vor Norby mit seiner Holländer-Windmühle links nach *Bustorf*. Von hier aus geht es auf unbefestigten Wegen und Pfaden direkt entlang der Schlei. Wir fahren über *Holzdorf* und *Gut Stubbe* nach *Krieseby*, einem Herrenhaus aus dem 18. Jahrhundert. In Krieseby finden wir

eine sehenswerte Felssteinkirche auf dem Friedhof. An der Schlei radeln wir nun auf einer kleinen Straße nach *Winnemark* weiter zur Fähre nach *Arnis*.

Die kleine Stadt wurde im 17. Jahrhundert von 62 Familien aus Kappeln gegründet und erlebte ihre Blütezeit als Fischerort im 18. und 19. Jahrhundert. Die Häuser an der einzigen Straße erinnern an den früheren Wohlstand. Mit der Fähre wechseln wir das Schleiufer. In Arnis befinden wir uns links der Schlei und setzen unsere Radreise über *Grödersby* nach **Kappeln** fort.

Der Name Kappeln ist das alte Wort für »Kapellen-Ort«. Es entstand um eine einstige Seefahrerkapelle herum, denn

80

hier ließen sich Fischer und Schiffer nieder. An gleicher Stelle erbaut ist die spätbarocke Nikolaikirche von 1790. Der restaurierte Heringszaun, eine nicht nur in der Schlei übliche Fischfangmethode, ist alljährlich Mittelpunkt der Kappelner Heringstage. Vier Tage lang ab Christi Himmelfahrt wird gefeiert und geschlemmt. Sehr malerisch ist der Hafen von Kappeln mit seinen alten Fischkuttern. Fangfrische Fische kann man hier kaufen, was Hausfrauen und Restaurant-Besitzer täglich tun.

Von Kappeln wählen wir den Radweg zum idyllischen **Maasholm.**
Maasholm ist ein idyllischer Fischerort mit malerischen Reetdachhäusern aus dem 18. und 19. Jahrhundert.
Für die zweite Etappe nehmen wir von *Maasholm* unseren Radweg nach *Kappeln* (ca. 15 km). Von hier radeln wir links der Schlei nach *Gröbersby*, *Karschau, Lindauer Noor, Ulsnis* und *Brodersby* zu unserem Ausgangspunkt *Schleswig* zurück.

• Hans-Dietrich Röhling, Klemensholl 5, 24376 Kappeln-Schlei, Tel. 04642/81886, kinderfreundlicher Bauernhof mit Ponys und Kleintieren, auch als FeWo.
• Hof Ossenrüh, Waltraut Nagel, Ossenrüher Weg, 24376 Kappeln, Tel. 04644/224, FeWo in rotem Backstein-Bauernhaus, auf Wunsch Frühstück

25 Gütertour von Kappeln nach Gelting und zurück

Wir fahren diese Tour, die uns an stattlichen Gütern vorbeiführt, in zwei Etappen ab, und haben so genügend Zeit, den Anblick der prächtigen alten Höfe zu genießen. Wegen der ungewöhnlich hohen Anzahl von Herrenhäusern nennt man diese Gegend auch den Herrenwinkel. Im Mai leuchten riesige gelbe Rapsfelder. Auf dieser Strecke durchradeln wir zwei Naturschutzgebiete, einmal das **Landschaftsschutzgebiet um Maasholm** und dann die **Geltin-**ger Birk, ein Naturschutzgebiet, das bis in die Flensburger Förde hineinreicht.
Wir radeln von *Kappeln* Richtung *Mehlby* und halten uns hier rechts nach *Sandbek* und weiter nach *Stutebüll*. Auf gut ausgebauter Nebenstraße schwenken wir links nach *Schwackendorf*, dort biegen wir rechts ab nach *Maasholm*. Die DLRG-Rettungskreuzer und die Fischkutter in der Maasholmer Bucht begrüßen uns schon von weitem. Auf dem begrünten Deichweg geht es weiter bis *Pottloch*,

A Kappeln (Bhf. Süderbrarup)

Z Gelting und Kappeln

KM ca. 53 km

dann auf kleiner Landstraße weiter nach *Kronsgaard*, wo wir im Ort rechts nach *Pommerby* und *Nieby* abbiegen. Nach Gelting sind es etwa vier Kilometer. Von weitem sehen wir im Naturschutzgebiet die alte Schöpfmühle»Charlotte« von 1794. Sie steht inmitten unberührter Natur, die Heimat seltener Vögel und Pflanzen ist. Nahe der Mühle liegt das Geltinger Noor, was soviel heißt wie »Bucht«.

Wir kommen nach **Gelting,** Endziel unserer ersten Etappe. Der zentrale Ort an der Geltinger Bucht lebte von den umliegenden Gütern. Das Herrenhaus von 1231 ist in Privatbesitz

Von Gelting aus geht eine Fähre nach Faborg in Dänemark, quer durch das dänische Inselmeer. Wir allerding bleiben auf dem Landweg, halten uns in Gelting rechts und radeln ein kurzes Stück auf der B 199 nach *Lehbek*, wo wir links zum *Gut Rundhof* schwenken. In Privatbesitz befindet sich das schöne Wasserschloß, das sich ein adeliger Gutsbesitzer hier errichten ließ (keine Besichtigung). Ein Gedenkstein nahe des Guts erinnert daran, daß am 1. Mai 1800 hier die Leibeigenschaft aufgehoben wurde. Von Gut Rundhof fahren wir links nach *Stangheck* und weiter nach *Schörderup* – Richtung Gulde. Dann biegen wir links ab nach *Oersberg* und *Sandbek*. Zurück geht's in südlicher Richtung nach *Mehlby* und von dort zu unserem Ausgangspunkt *Kappeln*.

26 Von Kappeln nach Flensburg

Kappeln (vgl. Tour 24) ist der Ausgangspunkt unserer Radtour nach Flensburg. Höhepunkt dieser Tour wird Schloß Glücksburg sein. Wir fahren auf markierten Radwegen und erreichen zuerst **Gelting**, an der gleich-

namigen Bucht gelegen. Besuchenswert ist das **Naturschutzgebiet Geltinger Birk**.

Wir radeln von hier aus landeinwärts bis **Steinberg**, wo die romanisch-gotische **Felssteinkirche** mit schöner Ausstattung, darunter ein spätgotischer Schnitzaltar, sehenswert ist. In Steinberg befindet sich außerdem das **Dachbodenmuseum** mit bäuerlichen Gerätschaften.

In Steinberg biegen wir rechts ab nach *Steinbergholz, Habernis* und radeln die Ostseeküste entlang über *Neukirchen* nach *Westerholz*. Dort geht es rechts ab nach *Langballigholz*, und wir durchqueren das Fischerdorf *Langballigau*. Hier

können wir am Ortsende im Restaurant »Zur Ostsee-Windmühle« gute Einkehr halten können. Dann fahren wir landeinwärts nach *Langballig*, wo wir rechts auf die B 199 Richtung *Munkbrarup* einbiegen. Ganz in der Nähe von Rangballig befindet sich das Angelner Dorfmuseum in *Bönstrup*.

Wir erreichen nach etwa 5 km die Ortschaft Munkbrarup. Hier finden wir eine spätromanische Granitquaderkirche aus dem 12. Jh. und außerdem eine 1870 errichtete Holländer-Windmühle. Von Munkbrarup radeln wir über Nebenstraßen nach **Glücksburg**. Damit erreichen wir die besondere Attraktion dieser Radrei-

»Gott gebe Glück mit Frieden«: Schloß Glücksburg.

A	Kappeln (Bhf. Süderbrarup)
Z	Flensburg (Bhf.)
KM	50 – 57 km
	Kappeln – Sandbek – Rabenholz – Gelting – Steinberg – Habernus – Neukirchen – Westerholz – Langballigholz – Glücksburg – Schausende – Mürwik – Flensburg

se, das **Wasserschloß**, das 1582 anstelle eines 1210 gegründeten Zisterzienserklosters errichtet wurde. Der weiß verputzte, dreiflügelige Schloßbau mit seinen vier achteckigen Türmen steht in einem künstlich aufgestauten Schloßteich.

Bemerkenswert ist vor allem die Innenausstattung des Schlosses: statt der üblichen Kriegsmotive tragen die wertvollen Gobelins Motive aus der Landwirtschaft. Zu seinem hübschen Namen kam Glücksburg durch die Initialen am Schloß: »Gott gebe Glück mit Frieden!«, das der Bauherr vor 400 Jahren in das Mauerwerk meißeln ließ.

Die **Flensburger Förde** entlang radeln wir weiter zur nördlichsten Stadt Deutschlands – **Flensburg**, im 12. Jahrhundert als Fischersiedlung entstanden, mal dänisch, mal deutsch. An die dänische Zeit erinnert die **Hl. Geist-Kirche**, die im 14. Jahrhundert errichtet wurde, älteste Kirche ist **St. Johannis** aus dem 12. Jahrhundert. Sehenswert sind auch der **Nordermarkt** und der **Schrangen** von 1595, wo Bäcker und Schlachter ihre Waren feilboten. An die alte Handels- und Seefahrerzeit erinnert die **»Schiffbrücke«** genannte Hafenstraße, und das um 1602 erbaute **Zunfthaus** der Schiffer und Kaufleute sowie die typischen Seemannskneipen, wie »Piet Henningsen«, wo es gute regionale Küche gibt. Direkt am Wasser befindet sich das **Schiffahrtsmuseum** mit Museumsschiffen am Bollwerk davor.

27 Von Flensburg nach Friedrichstadt

Von Flensburg radeln wir auf dieser Tour zur alten holländischen Siedlung Friedrichstadt.

Vom *Bahnhof Flensburg* radeln wir in die *Bahnhofstraße*, zum *Berliner Platz*, dort links in die *Friedrich-Ebert-Straße* und dann in die Straße »*Zur Exe*« (B199) Richtung Flughafen. In *Oberlangenberg* radeln wir links in eine kleine Straße, immer noch entlang des Flughafengeländes. Dann geht es rechts nach *Handewitt*, wobei wir die Autobahn A 7 unterqueren. Durch Handewitt geht's nach *Handewitt-West*, dort links nach »*Handewitt-Kolonie*«. Kurz danach schwenken wir rechts über *Nordwiehe* nach *Großenwiehe*. Weiter geht es rechts nach *Lüngerau*, über den Bach Linnau nach *Goldebek* und *Jodelund*. Von hier aus steuern wir *Kolkerheide* an und setzen unsere Fahrt über *Norstedt* und *Eckstock* nach *Hoxtrup* fort. Hier biegen wir rechts ab Richtung *Jägerkrug*, wo wir links über *Horstedt* auf der B 5 nach etwa fünf Kilometern **Husum** erreichen.

In Husum steht man »mit dem einen Fuß im Meer, mit dem anderen in der Marsch«.

Niemand hat dieses Land, flach und ganz der See ausgesetzt, besser beschrieben als der hier geborene *Theodor Storm*. Die Stadt, die Marsch, die Geest, die Deiche, Koogs und Polder, das Meer, das Watt, die Dramatik von Ebbe und Flut, der Kampf der Menschen gegen die unbändigen Elemente des Wassers bei Sturmflut.

Noch heute atmet die Stadt das Storm'sche Flair, fühlt man sich in seinem Husum eigentümlich vertraut zwischen all dem Grau und heimelig wohl in den nebelverhangenen Straßen.

Gehen wir mit Theodor Storms Augen durch die Stadt, die in einer baumlosen Küstenebene liegt, gehen wir durch die Straßen Husums, die *Kleine Straße* entlang, in welcher die Fischer wohnen, biegen wir ein in das *Westerende*; das Kopfsteinpflaster ist vom morgendlichen Nebel noch feucht. Vom Westerende radeln wir die *Langenharmstraße* entlang, die in die *Hohle Gasse* einmündet. Von hier geht es über die *Großstraße* zum *Marktplatz*, vorbei am alten Rathaus, am »Rebellenhaus« mit den rätselhaften weißen,

Flensburg (Bhf.)

Friedrichstadt (Bhf.)

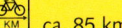
ca. 85 km

ETAPPE 1: Flensburg – Großenwiehe – Lüngerau – Lindewitt – Norstedt – Horstedt – Husum (58 km)
ETAPPE 2: Husum – Mildstedt – Schwabstedt – Friedrichstadt (27 km)

bei Flensburg welliges Gelände, danach flach

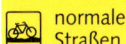
normale Straßen

abgeschlagenen Köpfen – heute befindet sich hier die Raiffeisenbank – und an der alten »Münze«, heute ein Juweliergeschäft.

Wahrzeichen Husums ist neben seinem alten Binnenhafen, der mitten in der Stadt liegt, das Schloß. Vom Marktplatz geht es direkt über den Schloßgang zum Torhaus, Schloß und Schloßgarten. Das von einem Wassergraben umgebene Husumer Schloß wurde 1577 von Herzog Adolf im Stil der niederländischen Renaissance errichtet. Von der ehemaligen Pracht zeugen heute noch die berühmten Kamine, wo sich dänische und preußische Amtsmänner 200 Jahre lang bei ihren Regie-

Von Grachten durchzogen: Friedrichstadt an der Treene.

rungsgeschäften erwärmten. Heute dient das Schloß dem Kreis Nordfriesland für Ausstellungen und Konzerte.

Vom Husumer **Schloß** sehen wir hinein in den Schloßgarten und zum **Denkmal** des Dichters Theodor Storm, das 10 Jahre nach seinem Tod am 14. September 1898 an seinem Geburtstag enthüllt wurde. Und am **Philosophenweg** des Husumer Schloßgartens beenden wir unseren Rundweg durch die graue Stadt am Meer.

Auf dem Westfriedhof in Husum liegen Johann Casimier und Lucie Storm – die Eltern des Dichters. Sein Elternhaus steht in der **Hohlen Gasse**; hier wohnten die reichen

Kaufleute. In der **Süderstraße** können wir das Haus bewundern, das Schauplatz der Novelle »Pole Poppenspeeler« ist.

Der Husumer Bahnhof eignet sich bestens als Ausgangspunkt für kleine Wochenendtouren. Leihräder werden im Auftrag der Bahn in der Stadt angeboten (tel. Auskunft Bhf. Husum 04841/19419). So sind es nur 40 Kilometer zu den Halligen, und ins ländliche Süderstapel ganze 25 Kilometer.

Vom *Husumer Bahnhof* radeln wir in die *Herzog-Adolf-Straße*, rechts in die *Ludwig-Nissen-Straße*, links in den *Plan* und gleich wieder rechts in den *Lämmerfennenweg*. Unser Weg führt jetzt links in die *Osterhusumer Straße*, dann rechts weiter in die *Ostenfelder Straße*. Wir halten uns rechts, unterqueren die B 5 und biegen rechts in die *Mildtstedter Landstraße* ein. In *Mildstedt* radeln wir Richtung *Rantrum* und weiter über *Ramstedt* nach *Schwabstedt*. Weiter geht es durch *Süderhöft*, dann über die Treene. Landwirtschaft prägt das Marschgebiet an Eider und Treene. Ab hier geht es rechts ein kleines Stück des Weges an der Treene entlang, dann links durch Marsch und Koog über *Norder* – nach **Süderstapel**,

dem Hauptort von Stapelholm. Aus dem 13. Jahrhundert stammt Süderstapels **Kirche** mit dem schönen Renaissancealtar von 1609.

In Süderstapel fahren wir von der Hauptstraße links nach Drage und von dort nach einer kurzen Strecke auf der B 202 nach **Friedrichstadt.** Die Stadt wurde 1621 für Glaubensflüchtlinge aus den Niederlanden gegründet und liegt an der Mündung der Treene in die Eider.

Diese alte, sehenswerte Stadt ist nach niederländischem Vorbild von **Grachten** umgeben und durchzogen, kleinen Kanälen also, die sich am besten per Tretboot erforschen lassen. Am **Markt** stehen noch mehrere alte Häuser im holländischen Treppengiebelstil aus der Gründungszeit. Zu den schönsten gehören die sogenannte »**Alte Münze**« von 1626 am Mittelburgwall und der 1708 eingerichtete **Betsaal** für die Mennoniten im Nebenflügel. Sehenswert sind auch das **Paludanushaus** (1637), die evanglisch-lutherische **Kirche am Mittelburgwall** und die **Remonstranten-Kirche** (1854) sowie die historische **Steinbrücke** am Markt.

Mitten im Dreißigjährigen Krieg wurde die **St. Christopheruskirche** (1644–1648)

Husum: Binnenhafen Schloß, Schloßgarten, Denkmal Theodor Storms, Storm-Haus, Nissen-Haus, Friedrichstadt: Markt, Alte Münze, Betsaal, Paludanushaus, Kirchen, Stadtführungen: Tourist-Information, Alte Münze am Mittelburgwall, Tel. 04881/72400

• Fischpfanne, Hohle Gasse 2, 25813 Husum, regionale Küche, gehobene Preisklasse
• Holländische Stube, Am Mittelburgwall 22-26, 25840 Friedrichstadt, Tel. 04881/7245, tägl. geöffnet, holländisches Haus aus dem 17. Jh.

• Süderhof, Barbara Dau, Freesenkoog 1, 25940 Koldenbüttel, Tel. 0488l/7897

Efeuumwuchert, der rote Backsteinbahnhof Friedrichstadt.

am Mittelburgwall erbaut. In typisch mennonitischem Stil steht am himmelblau gefaßten Holzfachwerkbrunnen am Marktplatz: »trinkt allzeit Water und haltet es rein, so ward sik de Engeln im Himmel frein …«

Friedrichstadt sollte das Handelszentrum zwischen Nord- und Ostsee werden – ein Plan, der sich jedoch niemals verwirklichte. Viele der niederländischen Glaubensflüchtlinge kehrten, nachdem die Verfolgungen aufgehört hatten, in ihre Heimat zurück.

Vom Dreißigjährigen Krieg wurde Friedrichstadt zwar verschont, doch in den Folgezeiten immer wieder hineingezogen in die deutsch-dänischen Streitereien, was zu schweren Zerstörungen im 19. Jahrhundert führte.

Dennoch hat die Stadt ihren niederländischen Charakter behalten, und viele ihrer Gebäude haben die Kriegswirren überstanden. Die schönsten Feste des Jahres sind das **Ringreiterfest**, das Fest der Schützengilde und alljährlich im August die **Friedrichstädter Festtage**. Wirklich gut essen kann man in der »Holländischen Stube« am Mittelburgwall.

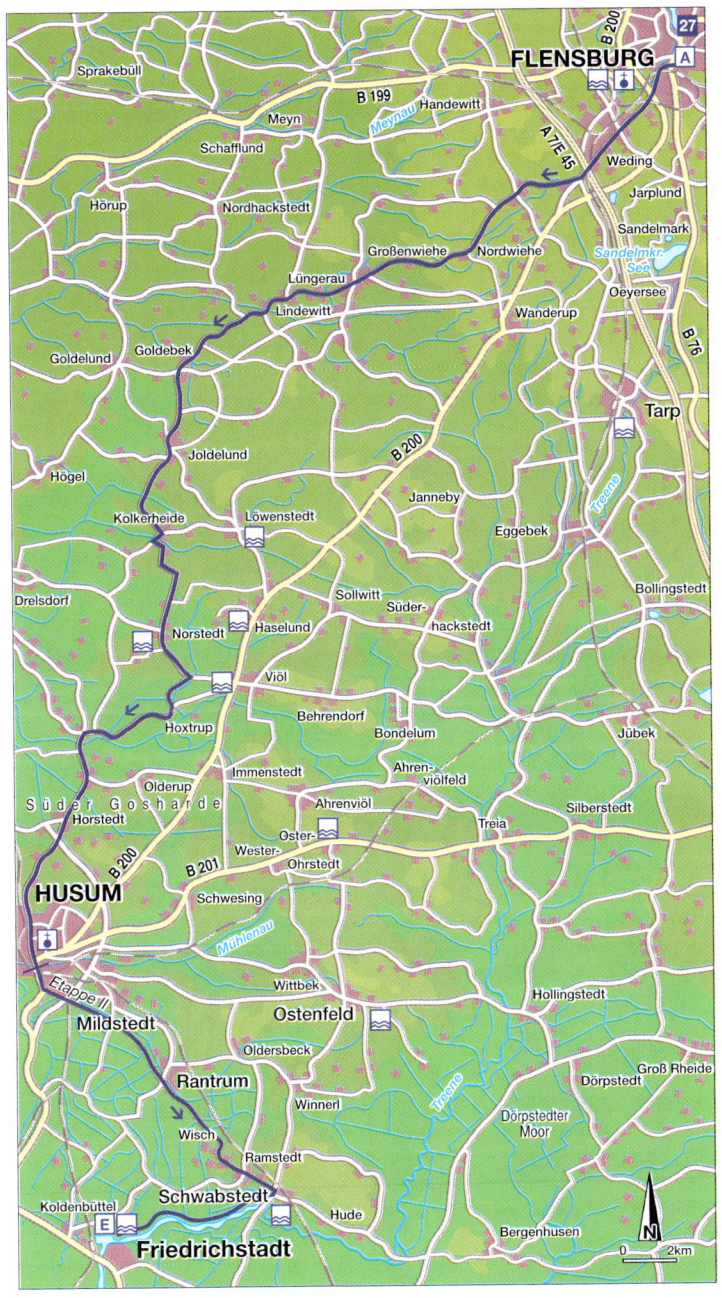

Sterntouren um Husum

28 Von Husum auf Deichwegen zur ältesten Eidersiedlung

Wir biegen am *Husumer Bahnhof* erst in die *Poggenburg Straße*, schwenken dann links in die *Simonsberger Straße*. Nach ca. 6 km erreichen wir *Simonsberg*. Am hiesigen Badestrand kann man eine Rast einlegen. Von hier radeln wir weiter nach *Uelvesbüll*, eine ländliche Stausiedlung unmittelbar hinter dem Deich. Bei Hochwasser kann an der kleinen Badestelle in Uelvesbüll gebadet werden – bei Niedrigwasser ist das Wattlaufen möglich. Das Bild der Landschaft hinter den Deichen wird durch Wehlen – das sind Wasserlöcher, die einst durch Deichbrüche entstanden sind – und durch fruchtbares Marschland geprägt. Schafe und Kühe weiden hier. Ganz in der Nähe befinden sich das **Rosenburgerdeep** und das Vogelschutzgebiet **Späthinge** mit seiner für Wanderer und Angler reizvollen Landschaft. Dem Deich des Sophiensommerkooges

Rast am Roten Haubarg.

Am Tönninger Hafen, einst Hauptumschlagplatz für den Handel mit England.

A	Husum (Bhf.)
Z	Tönning (Bhf.) (Variante: Büsum und Helgoland oder Mehldorf)
KM	ca. 36 km (Variante: bis Büsum insges. ca. 68 km; bis Mehldorf insges.ca. 86 km)
	Husum – Simonsberg – Uelversbüll – Noderheverkoog – Kotzenbüll – Tönning (Lohnenswerte Tourenverlängerung): – Büsum – Helgoland – Mehldorf)
	Deichwege und gute Straßen

folgen wir bis zum kleinen See, schwenken dann links über *Tetenbüll-Spieker* und *Sieversfleth* in Richtung Tetenbüll. Kurz vor Tetenbüll halten wir uns links und radeln über *Kotzenbüll* nach **Tönning** hinein. Diese 2000 Jahre alte Siedlung an der Eider erlebte ab dem Jahre 1784 eine große Blütezeit, als man den Eiderkanal eröffnete. Der Kanal verband Tönning mit Kiel und wurde zum Hauptumschlagplatz für den Handel mit England. Vom Tönninger Hafen wurden die berühmten Eiderstedter Rinder verschifft, was der Halbinsel Eichestedt zu Reichtum und Wohlstand verhalf. Sehenswert sind in Tönning die idyllische **Altstadt** und der 1700 entstandene Hafen. Das Packhaus am

Hafen erinnert an Tönnings große Zeiten, als der Handel mit England florierte. Die **Laurentius-Kirche** am hübschen Marktplatz ist romanischen Ursprungs.

Wer Wassersport liebt, der hat in Tönning reichlich Gelegenheit, diesem Hobby zu frönen: Es gibt ein Meerwasser-Freibad, Sie können segeln, surfen oder im Kanu auf der Eider und im Katinger Priel paddeln.

Lohnenswerte Tourenverlängerung (nicht in der Karte): Wer jetzt noch Lust und genug Energie hat, kann von Tönning weiter nach **Büsum** (32 km) radeln, wo die Fähre nach **Helgoland** abgeht. Allerdings ist auf Helgoland das Radeln nicht erlaubt.

In Tönning radeln wir am Campingplatz an der Eider vorbei nach Olversum und Kating und um das Katinger Watt herum. Kurz nach

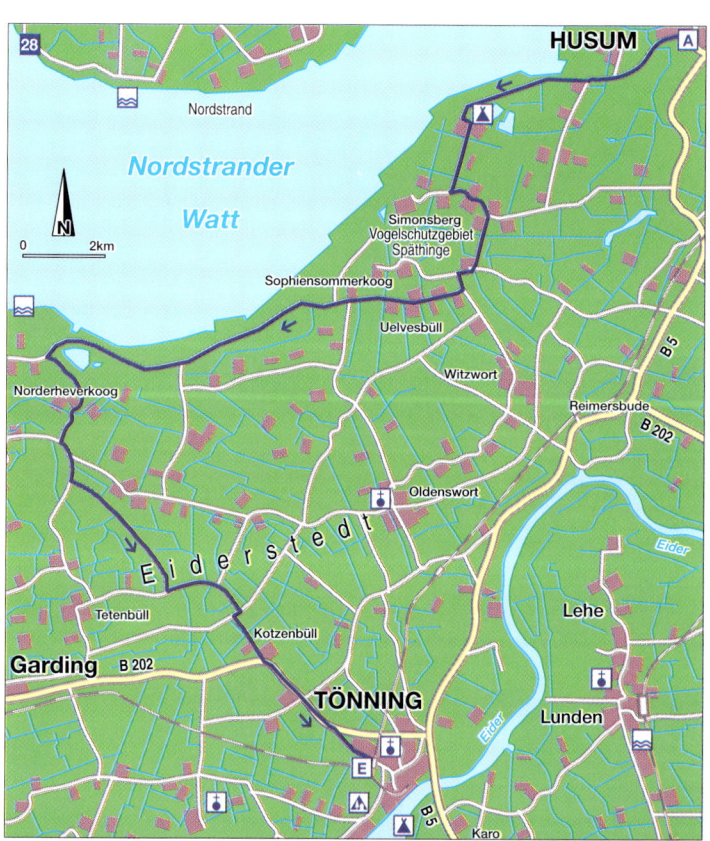

Katingsiel nehmen wir links die Straße nach Wesselburen. Über das Eidersperrwerk geht es bis Norddeich. Hier biegen wir rechts nach Süderdeicher Schweineweide, dann links in eine Nebenstraße nach Hellschen. Hinter Hellschen schwenken wir rechts nach Hedwigenkoog und von dort links über Muschendorf und Schnappen nach Hirtenstall. Von hier ist es nur noch ein kurzer Weg nach Büsum.

Von Büsum sind es ganze 18 Kilometer den Außendeich entlang nach **Mehldorf**, von wo es zahlreiche Radelmöglichkeiten gibt.

Vom Büsumer Bahnhof radeln wir in den Bürgerweg, dann links in die Deichhausener Straße und bis Deichhausen. Hier biegen wir rechts ab zu den Deichen und radeln dann auf dem Deich nach links weiter.

Nach einer kurzen Strecke biegen wir auf den Thalingburener Deich und anschließend rechts auf die Straße nach Mehldorf. Achtung! Diese Deichwege sind ab Deichhausen nur zeitweise befahrbar!

29 Husumer Dreiklang – von Husum um die Halbinsel Eiderstedt

An einem Sommerwochenende, mitten in der Hauptreisezeit im August, haben wir eine zweite Tour nach Husum unternommen, diesmal umradelten wir die **Halbinsel Eiderstedt**. Die Bahn machte es möglich, daß wir nicht nur ohne Streß, sondern völlig ausgeruht schon den Anfahrtstag zum Radeln nehmen konnten:

Die Anfahrt mit der Bahn erfolgte mit dem Nachtzug (sehr komfortable Schlafwagenkabine für zwei Personen) nach Hamburg-Altona. Die Räder konnte man im Gepäckwagen mitnehmen. Morgens wurden wir sogar mit Tee/Kaffee geweckt. Ausgeschlafen und munter nähern wir uns Husum auf Schienenwegen. Durch das Fenster sehen wir sonnenverbrannte Felder – seit acht Wochen hat es hier keinen Regen gegeben –, und die Heuballen stehen wie Runen in der abgemähten Wiese im flachen Land.

Knicks, die Anpflanzugen zwischen den einzelnen Feldern, Äckern und Weiden, lassen die Landschaft dennoch grün

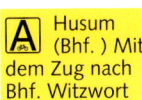 Husum (Bhf.) Mit dem Zug nach Bhf. Witzwort

 Husum (Bhf.)

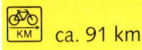 ca. 91 km

erscheinen. Im Winter beschneidet man diese Knicks und erhält so das Knick- oder Buschholz, das die Bauern zuweilen noch heute im Winter zum Heizen nehmen.

Eiderstedt war früher eine Insel, die aus den drei Harden (Verwaltungseinheiten) Everschop, Utholm und Eiderstedt bestand. 1489 wurde zwischen Husum und der Insel eine feste Landverbindung geschaffen, doch der Haupttransportweg blieb das Wasser: im Westen liegt die Nordsee, im Süden die Eider und im Norden die Hever. Die Landwege waren im Herbst und Frühjahr kaum passierbar. Dennoch erzielte man in der Landwirtschaft – speziell mit der Milchwirtschft – hohe Erträge, so daß Eiderstedt zu großem Reichtum kam.

Für die Unterbringung der Ernten wurden große Scheunen gebaut, und in diese Scheunen hinein der Wohnbau und die Stallungen. Es entstanden die prächtigen *Haubarge*, ein in Europa einzigartiger Baustil. Unter den mächtigen Dächern fand alles seinen Platz. Korn und Vieh mehrten wiederum den Wohlstand.

Heute ist Husum Kreisstadt und Mittelpunkt in der nordfriesischen Urlaubslandschaft, wobei es seinen ländlichen Charme bewahrt hat.

Wir beginnen den Tag im beschaulichen **Husum** (siehe dazu Tour 27).

Liebevoll hat sich die Theodor-Storm-Gesellschaft dem einstigen **Wohnhaus Theodor Storms** angenommen – es wirkt gerade so, als würde er noch immer hier wohnen. Selbst der Garten ist nach seinen Plänen und Wünschen bestellt. 14 Jahre hat der Dichter hier in der **Wasserreihe 31** gelebt, in dem alten Kaufmannshaus aus dem Jahre 1730. Das Treppenhaus, die Flure, Decken und Türen sind original aus dieser Zeit bzw. aus der Stormzeit erhalten. Von auffallender Schönheit ist der Schreibtisch im Hademarschen Zimmer, den Kieler Damen ihm zum 70. Geburtstag geschenkt hatten. Der junge Emil Nolde (vgl. Touren 33 und 34) schnitzte die Eulen, die das Schreibtischoberteil tragen. An diesem Tisch vollendete Storm sein letztes, wortgewaltiges und wirklichkeitsnahes Werk, den »Schimmelreiter«.

Wir nehmen Abschied von Husum und fahren mit der stündlich verkehrenden, radlerfreundlichen Regional-Bahn Richtung St. Peter-Ording, um unsere Radtour im weltabgeschiedenen **Witzwort** zu beginnen. Vom *Bahnhof Witzwort* aus neh-

ETAPPE 1: Husum – Witzwort – Reimersbude – Friedrichstadt – St. Annen – Lehe – Lunden – Karo – Tönning – Olversum – Katingsiel – Vollerwiek – Grothusen – St. Peter-Ording (ca. 45 km)
ETAPPE 2: St. Peter-Ording – Osterhever – Norderheverkoog – Uelvesbüll – (Roter Haubarg) – Witzwort (Bhf.) – Husum (ca. 46 km)

Deichwege und befestigte Wirtschaftswege

men wir den Weg nach *Rei-mersbude*: Wir befahren den Mitteldeich – eine Teerstraße, die jeweils zu den Einzelhöfen abzweigt und uns entlang an Viehweiden und Hecken fast bis nach Friedrichstadt führt.

Der Deich ist so hoch, daß wir nur die Spitzen der Windmühlen gegen den Himmel drehen sehen.

Auf Grachtenwegen, die über himmelblaue Treenebrücken führen, erreichen wir **Friedrichstadt**. Der Bahnhof ist backsteinrot und efeuumwuchert. Gleich bei unserer Ankunft erinnert uns ein grau-

er Granitstein an die einstige Synagoge am Binnenhafen 17, die Judenschule am Binnenhafen 18 sowie das Rabbinat der jüdischen Gemeinde Friedrichstadt in der Westermarkstraße 24 .

Friedrichstadt, selbst ein Zufluchtsort für Glaubensflüchtlinge aus den Niederlanden, die die Stadt nachhaltig prägten, präsentiert sich an diesem Sommertag überaus farbenprächtig in rotem Geranienschmuck, blauen Grachtenbrücken und Backsteinhäusern im holländischen Stil (vgl. Tour 27).

Weltabgeschieden – der Bahnhof von Witzwort.

Wir radeln den Weg zurück zum Bahnhof Friedrichstadt, überqueren die Eisenbahnlinie und begeben uns auf den Radweg bis **St. Annen**; dort geht es auf einer Nebenstraße nach *Lehe*, *Lunden* und *Karo* weiter, wo wir über die Eider die alte Hafenstadt **Tönning** erreichen. Ein Stück die Eider entlang führt unser Weg jetzt Richtung **Katingsiel**, wo wir die Küste erreichen. Von Katingsiel radeln wir nun den Deich entlang über **Vollerwiek** und **Grothusen** nach **St. Peter Ording**.

St. Peter-Ording ist ein Badeort voller Gegensätze, wo Ländliches sich mit Mondänem mischt. Sehenswert sind die drei Kirchen: im Norden (Ording), in Ulstrup (St. Peter) – sie ist bereits auf einer Landkarte von 1240 vermerkt – und in Süderhöft.

Die erste urkundliche Erwähnung des Ortes stammt aus dem Jahre 1462. Darin beklagt sich der Bischof, daß er 126 Demat (= ein halber Hektar) durch Sandverwehungen verloren hat.

Auch die Ordinger Kirche wurde immer wieder Opfer der Dünenwanderungen. Sie wurde mehrmals zurückversetzt.

Im **Heimatmuseum** St. Peter ist in einem 200jährigen Bauernhaus alles gesammelt, was

Aufschluß gibt über die Lebensgewohnheiten der Dorfbewohner. Einen wertvollen Fund hat man vor einiger Zeit im Uelversbüller Koog gemacht: Man entdeckte das Wrack eines holländischen Lastenseglers unter einer vier Meter hohen Kleischicht. Vermutlich war es auf dem Weg von Holland nach Husum in einen Sturm geraten, manövrierunfähig geworden und gegen den Deich geprallt. Sedimente haben das Wrack so schnell begraben, daß nicht einmal den Strandräubern Zeit geblieben war, die Beute an Land zu bringen. Da man nur sehr wenig über Schiffe aus dem 16. und 17. Jahrhundert weiß, war die Entdeckung eine kleine Sensation. Zur Zeit wird das Schiff in einer Zuckerlösung konserviert!

Von eigenwilliger Schönheit ist die **Holzbrücke** vor St. Peter – sie dient dem Schutz der bedrohten Wattenmeerlandschaft und ist der schönste Weg zum Strand. Sein Rad läßt man am besten auf dem »Radparkplatz« vor der Holzbrücke.

Salzwiesen prägen das Landschaftsbild vor St. Peter, jene schützenswerten Zonen, die mehrmals im Jahr von der See überschwemmt werden. Besonders farbenprächtig gedeihen hier Strandflieder und

Straßenschild
bei Witzwort:
Einladung zur
Wiederkehr!

Strandastern. Die Salzwiesen erfüllen wichtige Funktionen im Naturhaushalt des Wattenmeers.

Der Badebetrieb in St. Peter begann im 19. Jahrhundert. 1877 wurde inmitten der Dünenlandschaft St. Peters das erste Hotel gebaut. In rascher Folge wurden weitere Übernachtungsquartiere geschaffen. Die Fahrt von Hamburg nach St. Peter war damals eine Tagesreise. Für gesundheitsbewußte Urlauber war das Bad der Geheimtip. Doch erst Anfang der sechziger Jahre unseres Jahrhunderts begann eine rasante Entwicklung.

St. Peter-Ording steht nun an einer neuen Zeitwende mit großen Herausforderungen: der Weg zum sanften Tourismus. Naturschutz und daher erheblich weniger Umweltbelastung sind hier oberstes Gebot. St. Peter Ording muß bis 1997 wieder autofrei sein, was bedeutet, den Strand von den Autolawinen zu befreien, die alljährlich bis an die Wassergrenze fahren, um den langen Anlaufweg zum Meer zu ersparen.

Bahn und Rad sind die natürlichen Verbündeten des sanften Tourismus, und man setzt in St.Peter-Ording auf schöne Radwege. Leider gibt es bei der Bahn in St. Peter Ording keine Gepäckaufbewahrung. Wir begeben uns nun auf den Rückweg nach Husum.

Den schönsten Radweg entlang des Wassers haben wir auf dem **äußeren Deichweg**, den wir von St. Peter–Ording um die **Tümlauer Bucht** befahren bis Westerhever. Dann gehts aus über den **Augustenkoog** weiter zum **Norderheverkoog**, und wir befinden uns weiter am Außendeich, den wir nun bis **Uelvesbüll** nicht mehr verlassen.

Um dem Roten Haubarg einen empfehlenswerten Besuch abzustatten, wenden wir uns nun nach links, radeln etwa 200 Meter Richtung **Simonsberg**, biegen links in einen befestigten Weg und folgen

der Beschilderung *Roter Haubarg*, den wir nach 800 Metern erreichen.

Der **Rote Haubarg** – ein uralte Eiderstedter Hof mit dem mächtigen reetgedeckten Dach – präsentiert sich seinem Namen zum Trotz in strahlendem Weiß. Ein Inventarverzeichnis aus dem Jahre 1730 zeigt uns an, daß der Rote Haubarg ein Hartdach getragen haben könnte, denn es nennt ausdrücklich eine »Partie« von Dachziegeln, die damals auf dem Dachboden lagerten. Das zu jener Zeit wahrscheinlich noch unverputzte Ziegelmauerwerk und das rote Dach ließen den Haubarg tatsächlich als rotes Haus erscheinen.

Im 16. und 17. Jahrhundert bestimmten die Haubarge (= Heuburgen) das Landschaftsbild Eiderstedts, deren wuchtige Größe ein Sinnbild des selbstbewußten, unabhängigen Bauertums war.

Seit etwa 150 Jahren werden die Haubarge nicht mehr gebaut. Die Kulturstiftung des Kreises Nordfriesland hat den Roten Haubarg gekauft, eine Gastwirtschaft und ein **Museum** sind jetzt in dem Gebäude untergebracht.

Das Museum im Wirtschaftsteil des Hauses stellt die Entwicklung der Landwirtschaft in Nordfriesland, insbesondere in Eiderstedt, dar. Wir erfahren etwas von der Lebensweise und der harten Feldarbeit auf der Marsch, das der See so mühselig abgerungene Land.

Nach unserer Besichtung radeln wir auf einsamer Landstraße zu unserem Ausgangspunkt **Witzwort** zurück. Wer von Husum aus gestartet ist, fährt allerdings in Richtung Simonsberg weiter nach Husum.

Das Witzworter Kleinod, erhöht auf einer Warft, von Laubbäumen umstanden, ist seine **Marienkirche** – eine von 18 Kirchen auf Eiderstedt. Typisch für alle Eiderstedter Kirchen sind die Abendmahlbänke, sie wurden um 1700 geschaffen. Prächtig auch die Kanzel von 1583 mit Relief und Stifterwappen zwischen den biblischen Schriftbändern. Beeindruckendstes Zeugnis des Glaubens ist das Triumpfkreuz (um 1300).

Auf einem Eiderstedter Hof am Witzworter Bahnhof erfahren wir zum Abschied noch etwas über die Eiderstedter Küche. Sie ist bis heute geprägt von der bäuerlichen Tradition. Und noch immer verwendet man die Rezepte, die auf den alten Haubargen üblich waren. Bei Beerdigungen und Hochzeiten gibt es die Weinsuppe mit Graupen, dazu geräucherten Schinken und Schwarzbrot.

Eine uralte Tradition hat auch die »Saure Rolle«: im Pansen des Rinds gegarte Rindfleischstücke, die bis zur Verwendung aus Gründen der Konservierung in der Molke gelagert wurde. So hatte man immer »etwas auf Lager«. Heute serviert man die Saure Rolle in Scheiben, angebraten zusammen mit Rüben und Kartoffeln. Ein weiterer ungewöhnlicher Gaumenschmaus: ist die »Frische Suppe«: Rindfleisch mit Gemüse gekocht. Zu dieser Suppe, in der Fleisch- und Grießklößchen schwimmen, serviert man Rosinenreis.

Das Labskaus, im ganzen Norden vertreten, wird auch hier geschätzt: Durch den Fleischwolf gedrehte, angeräucherte Rinderbrust, Zwiebeln, Matjes, gekochte Kartoffeln. Diese Mischung wird mit roter Beete, Gurke, Bismarckhering und Spiegelei serviert.

Und auf der Rückreise mit der Regionalbahn von Witzwort nach Husum haben wir Eiderstedt noch einmal im Blick: riesige Weideflächen, hie und da taucht auch mitten im Feld einer jener bekannten Haubarge auf.

30 Von Husum zur Hallig Hooge

Unsere schönste Tour von Husum aus ist wohl die zu den Halligen.

Vom Husumer Bahnhof radeln wir auf die Herzog-Adolf-Straße zu, die uns über dei Schulstraße und den Erichsenweg zur Adolf-Brütt-Straße führt. Wir biegen links ab und folgen der Schobüller Straße Richtung Schobüll, wobei wir Hockensbüll links liegen lassen. Wir durchqueren Schobüll, radeln an Halebüllfeld vorbei und biegen kurz vor Wobbenbüll links ab. Dann folgen wir dem Radweg bzw. Deichweg auf Nordstrand bis Strucklahnungshörn, wo wir mit der Fähre nach Pellworm übersetzen. Nach Besichtigung der Insel setzen wir unsere Reise mit der Hooger Fähre zur Hallig Hooge fort. Wir kehren auf dem gleichen Weg zu unserem Ausgangsort Husum zurück, umrunden aber den Nordstrand südlich über Süderhafen.

Nur 37 Quadratkilometer groß ist die Insel **Pellworm**, landwirtschaftlich geprägt. 1200

A Husum (Hbf.)

Z Hallig Hooge

🚲 ca. 48 km

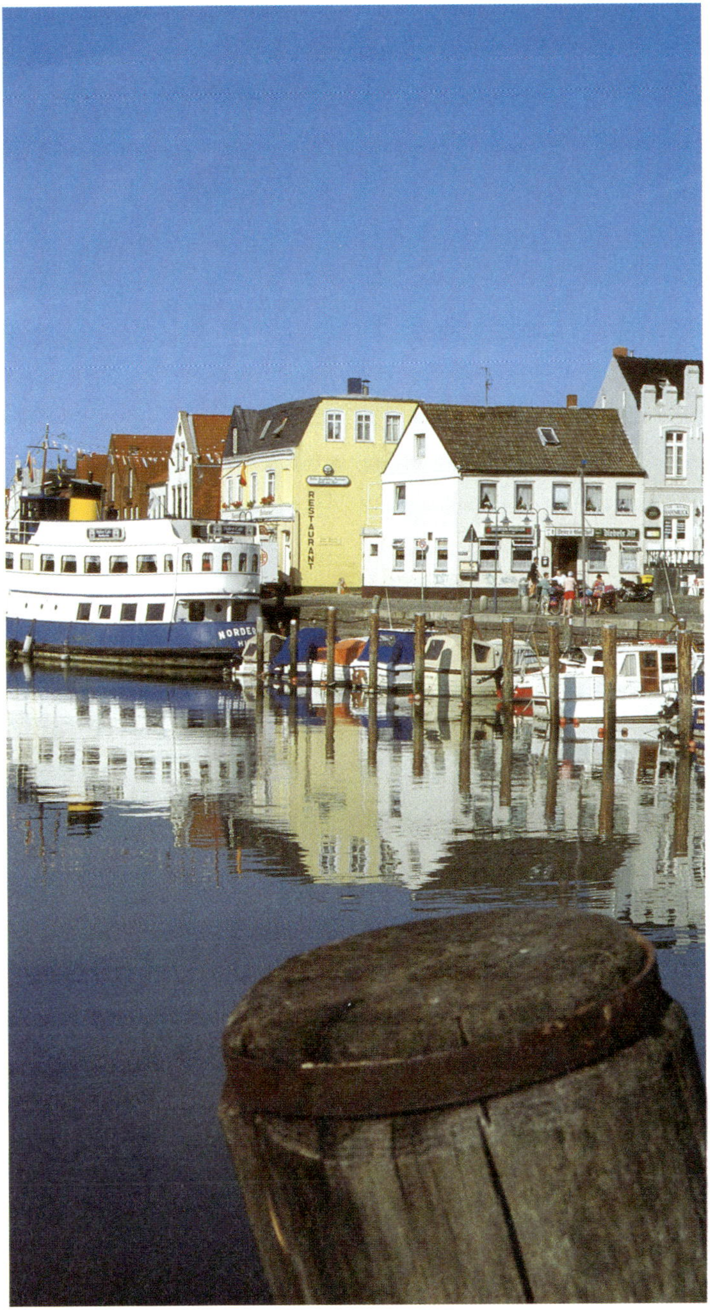

Der Binnenhafen
von Husum
bestand schon im
Mittelalter.

 Husum –
Hockensbüll
– Schobüll –
Nordstrand
(Fähre) – Pell-
worm (Fähre)–
Hallig Hooge –
Nordstrand –
Süderhafen –
Husum

Rad- und
Deichwege

101

Menschen leben und wohnen hier auf der Insel. Pellworm ist der Rest der während der großen Mandränke (Sturmflut) von 1634 großteils zerstörten Insel Strand. Halbmondförmig erstreckte sich damals das Gebiet über die Hamburger Hallig bis hin zur heutigen Insel Nordstrand.

Der mittelalterliche Küstenschutz, über den man sich übrigens gut im **Husumer Nissenhaus** informieren kann, hatte der Flut nicht standhalten können.

Bis in unsere Tage gab und gibt es große Sturmfluten mit immer höheren Wasserständen. 1825 sollte Pellworm sogar aufgegeben werden. Durch die 1963 eingeleiteten Maßnahmen auf Pellworm – ein 26 Kilometer langer und acht Meter hoher Seedeich – konnten so verheerende Folgen, wie sie in den vorhergehenden Jahrhunderten zu

beklagen waren, verhindert werden.

Wahrzeichen Pellworms ist die Turmruine der **Salvator-Kirche**, eine der ältesten Nordfrieslands, Ende des 11. Jahrhunderts errichtet, mit wertvoller Innenausstattung, spätgotischem Altar und **Arp-Schnittger-Orgel**.

Seit 1983 arbeitet das **größte Solarkraftwerk Europas** auf der Insel, und in den beiden **Wattenmuseen** kann man die Funde des Postschiffers Heinrich Liermann bewundern.

Tammensiel ist Pellworms Hafen. Hier legen die Fähr- und Ausflugsschiffe an, und im August werden hier die Pellwormer Hafenfeste gefeiert.

Wir setzen von hier auf die **Hallig Hooge** über. Die Halligen, inmitten des **Nationalparks Schleswig-Holsteinisches** Wattenmeer gele-

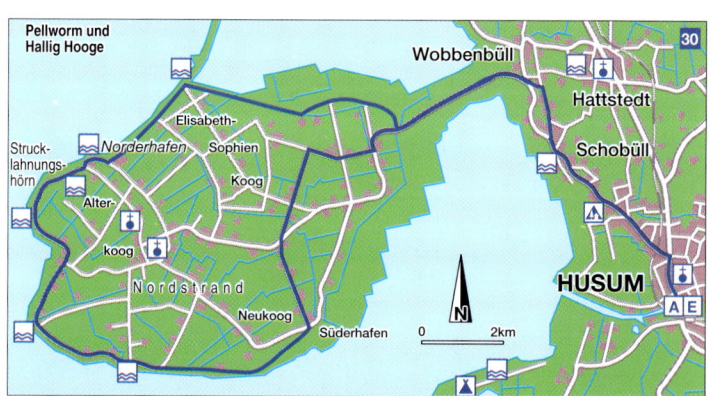

Pellworm und Hallig Hooge

Hauseingang in Husum.

103

gen, sind nur teilweise gegen Sturmfluten durch Uferschutzanlagen gewappnet. Die Landfläche der Halligen wird regelmäßig bei Sturmfluten überspült, dann heißt es »Land unter«. Häuser und Gehöfte stehen deshalb auf künstlich aufgeschütteten Erdhügeln, sogenannten *Warften*. Das Halligland kann auf diese Weise durchaus vierzigmal im Jahr überflutet werden. Besonders groß ist die Gefahr bei Westwind, da dann große Wassermassen in die Deutsche Bucht drängen.

Daher unser **Tip**: Keine Radtouren im Spätherbst planen, sondern auf Anfang Mai verlegen.

Mit der Fähre erreichen wir **Hallig Hooge**, die »Königin der Halligen«. Mit fast sechs Quadratkilometern die zweitgrößte Hallig. Auf neun Warften leben 140 Einwohner. Um Hallig Hooge liegt der größte unverfälschte Naturraum Deutschlands mit einer noch intakten Landschaft, Spuren versunkener Kulturen im Watt und riesigen Rast- und Brutstätten der Seevögel.

Hallig Hooge ist deshalb auch bevorzugte **Studienhallig**. Besonders sehenswert ist die alte Halligkirche, reetgedeckt aus dem 17. Jahrhundert. Der **Königspesel**, eine alte Halligstube, die die Kultur der See-

fahrer aus dem 18. Jahrhundert veranschaulicht, und das **Heimatmuseum**, das Gebrauchsgegenstände der Halligbewohner sowie Funde aus dem Watt zeigt.

Eine Alternative, die Halligen fast trockenen Fußes zu erreichen, gibt es von **Dagebüll** aus. Bei Ebbe wandert man nach **Oland**, der kleinsten aller Halligen, von hier weiter nach **Langeneß**, dem kleinen Eiland im Wattenmeer und Geheimtip unter den nordfriesischen Halligen.

Auf 20 Warften leben hier 120 Einwohner. Ein kleines, privat betriebenes **Museum** gibt es zu besichtigen, das die alteingesessene Seefahrerfamilie Johannsen betreibt, und eine Halligkirche. 30 Minuten sind es mit der Fähre hinüber von Langeneß nach Hooge.

Von hier können wir die Fähre nach **Schlüttsiel** nehmen, wo wir den Hauke-Haien-Koog entlang nach Bredstedt und Husum radeln.

Der **Hauke-Haien-Koog** ist Schauplatz der Storm'schen Novelle »Der Schimmelreiter«, die hochdramatische Geschichte des Deichgrafen Hauke Haien.

Bei Dagebüll führt im Halbrund der Weg zum »Schimmelreiter-Krug«, dem von Storm beschriebenen Wirtshaus.

31 Vom Gotteskoog zu den Halligen

Bei dieser Tour bewegen wir uns auf historischem Boden: Der **Gotteskoog** ist 1655 entstanden – das größte eingedeichte Gebiet Nordfrieslands. Es kostete jahrhundertelange Mühen, ehe der Dagebüller Deich sichereren Schutz bot: immer wieder brach die See die errichteten Dämme.

Man unterscheidet übrigens zwischen Küsten- und Warftfriesen, die in der Marsch siedelten und große Erfahrungen im Warft- und Deichbau mitbrachten. Ihre Häuser bauten sie auf künstlichen Erdhügeln, den *Warften*, einem begrenzten Platz, deshalb ist die Besiedelung hier in der Marsch dünner als am Geeststrand. Jede Warft hatte mindestens einen Deich, den *Fething*, der das Regenwasser enthielt, als Trinkwasser für Mensch und Vieh.

Bei Hochwasser stand die Marschfläche unter Wasser, nur die Warft ragte hervor. Auf den Halligen heißt dies »landunter«. Sommerdeiche wurden zum Schutz des Heulandes errichtet. Dies sind niedrige Deiche, die im Winter bei Sturmflut überspült wurden. Erst einige Jahrhunderte später wurden sturmflutsichere Deiche erbaut.

So ist Hallig Hooge von einem sturmflutsicheren Deich seit 1914 geschützt, und der Brunnenschwengel für den »Sod« (unterirdische Regenfanganlage für das Trinkwasser) ist verschwunden: Hallig Hooge ist heute an die Trinkwasserversorgung vom Festland angeschlossen.

Vom Niebüller Bahnhof radeln wir rechts auf die Hauptverbindungsstraße zwischen Niebüll und Klanxbüll zu. Hier biegen wir links ab Richtung Klanxbüll und nach etwa zwei Kilometern wieder rechts Richtung Aventoft. Nach weiteren zwei Kilometern auf dieser ziemlich befahrenen Straße (Radweg in Planung!) biegen wir links in eine Nebenstraße ein, die uns dann durch den Nordergotteskoog führt. Wir halten uns links und überqueren nach etwa fünf Kilometern die Klanxbüller Straße wieder und kurz danach die Eisenbahnlinie. Von hier geht es weiter südwärts auf schmaler Teerstraße, bis wir beim Hause Munk auf die Hauptverbindungsstraße nach Dagebüll stoßen. Von hier befahren wir den Radweg nach Dagebüll,

 Niebüll (Bhf.)

 Hallig Hooge: Schlüttsiel (Fähre)

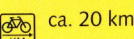 ca. 20 km

 Niebüll (Bhf.) – Nordergotteskoog – Galmsbüllkoog – Galmsbüll – Dagebüll – Dagebüll Hafen – Schlüttsiel – Hallig Hooge

 keine

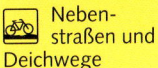 Nebenstraßen und Deichwege

Schlüttsiel: Vogel-schutzzentrum. Hallig Hooge: Heimatmuseum auf der Hans-warft, 25859 Hooge, Mo geschlossen, Königspesel (18. Jh.), Hallig-Kirche (17. Jh.)

• Museums-kroog im Heimatmuseum, Hallig Hooge, • Friesenpesel, Backenswarf, 25859 Hallig Hooge, Tel. 04849/250, tägl. mittags und abends warme Küche

• Annenhof, Fam. Matthiesen, Aventofter Str. 57, 25899 Gott-eskoog, Tel. 04661/5336 • Dedi Baudewig, Schwalbenhof, 25859 Hallig-Hooge, Tel. 04849/212

Tip: Die Fähre »Hauke Haien« verkehrt Anfang April – Ende Okt. zweimal täglich von Schlüttsiel aus: 9.30 und 13 Uhr. In den sturm-reichsten Mona-ten (Nov., Dez., Jan. und Feb.) heißt es »Land unter«, weshalb keine Halligfahr-ten stattfinden

das wir nach etwa zehn Kilometern erreichen. Von hier radel wir auf dem Außendeich nach Schlüttsiel (9 km), wo wir mit der Fähre nach Hallig Hooge übersetzen.

Auf der Fähre Hauke Haien haben unsere Räder und wir bei der »Weltumrundung« der Halligen eine Rast vom Radeln. Vom Wasser aus sehen wir auch Langeneß: Die 985 Hektar große Hallig erreicht mit Nordmarsch und Butwehl eine Länge von fast 10 Kilometern und ist damit die längste Hallig. Sie ist seit der Aufhebung des Gemein-

Mit der »Hauke Haien« auf Weltumrundung der Halligen.

Hallig Hooge: Blick auf die Ipkenswarft.

besitzes leider mit Zäunen durchzogen – eine betonierte Straße durchzieht die Hallig der Länge nach und zweigt zu jeder Warft ab, die wie kleine Inseln von der Seeseite aus dem Wasser ragen.

Bei unserer Ankunft im Hafen der Hallig Hooge schwingen wir uns wieder aufs Rad und umrunden die Hallig. Wir haben dreieinhalb Stunden Aufenthalt. Auch ein längerer Aufenthalt empfiehlt sich – man könnte eine Woche bleiben, um diese zweitgrößte Hallig (569 Hektar) zu erkunden mit ihren neun Warften und ihrem Sommerdeich, der sie vor Überflutung durch das Meerwasser weitgehend schützt, so daß hier die Hallig-flora von einer reinen Salzvegetation gewechselt hat zu einer Mischflora aus Salz- und Süßwasserpflanzen. Es gibt zwar weder Bäcker noch Metzger noch Friseur – aber hier bäckt man noch selbst, und stattliche Höfe laden zum Verweilen.

Nach Rückkehr von unserer Halligumrundung sehen wir von der Fähre aus Seehunde im Abendsonnenschein auf einer Sandbank vor den Halligen liegen.

Vom Schlüttsieler Hafen nehmen wir unseren Rückweg auf und radeln wieder entlang des Hauke-Haien-Koogs. In Dagebüll verlassen wir den Hauke-Haien-Koog und radeln den gleichen Weg zurück, den wir auf dem Hinweg genommen haben.

Am Rande des **Schlüttsieler Hafens** ist das **Vogelschutzzentrum** untergebracht. Hier kann man sich bestens erkundigen nach Flora und Fauna der Salzwiesen und den Vögeln des Wattenmeers, die hier ihre Refugium haben. Der Hauke-Haien-Koog – der Außendeich, den wir befahren, gehört zur Schutzzone des Wattenmeers. Hier ist kein Fahrzeug erlaubt, Räder geduldet, und höchstens auf der Deichkrone darf ein Spaziergang gemacht werden. Die eingedeichten Flächen – die Salzwiesen – dürfen zum Schutz der Tier- und Pflanzenwelt nicht betreten werden.

32 Von Niebüll zur Hallig Oland

Vom Bahnhof **Niebüll** radeln wir links Richtung Deezbüll auf dem ausgeschilderten Radweg, der uns parallel zur Straße über Albrechtskoog und Dagebüller Koog nach **Dagebüll** führen wird (siehe Tour 31)

Ab dem Strandhotel werden zahlreiche **Wattwanderungen**, zum Beispiel zur Hallig Oland, angeboten. Etwa 6 bis 7 Stunden sind für die Wattwanderung einzuplanen. Wenn das Wasser von der Küste zurückweicht, geleitet der Wattführer die Gäste durchs Watt. Er ist mit Wind und Wetter bestens vertraut und kennt die Widrigkeiten der Nordsee.

Sein Rad läßt man am besten am Strandhotel Dagebüll.

Die Landschaft des Wattenmeeres ist eine geologische Seltenheit. Für jeweils 6 Stunden zieht sich das Meerwasser völlig aus dem Gebiet zurück, um es anschließend wieder für die gleiche Zeitdauer zu überfluten. So konnten sich Lebensformen besonderer Ausprägung entwickeln. Diese Wattbewohner sowie Spuren des Wattwurms im nassen Sand sind die Wegmarkierung zur **Hallig Oland**, der kleinsten der insgesamt zehn Halligen.

Oland hat 117 Hektar und ist durch die Sturmflut von 1362 Hallig geworden. Die Hallig hat nur noch eine Warft mit 14 Häusern, alle um den *Fething* – die Regenwasserstelle, die einst Mensch und Tier mit

 Niebüll (Bhf.)

 Dagebüll (Bhf.), Strandhotel

 ca. 12 km

 Niebüll – Deezbüll – Albrechts Koog – Dagebüller Koog – Dagebüll

ausgezeichnete Radwege

 Wattwanderung, Hallig Oland, Kirche

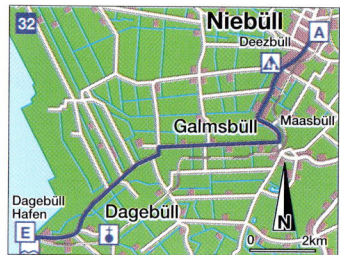

Trinkwasser versorgte, angelegt. Seit 1963 ist Oland an die zentrale Wasserversorung des Festlandes angeschlossen. Um dem rauhen Seewind möglichst wenig Angriffsfläche zu bieten, sind die Häuser in Westostrichtung erbaut.

Am Weststrand der Warft, im Schutze einer Feststeinmauer, liegt die kleine **Kirche** mit dem Friedhof und dem Glockenstapel. Durch den 1927 erbauten Damm von Dagebüll nach Oland und durch große Landgewinnungsarbeiten entsteht ständig Neuland. Eine Motorlore stellt den Verkehr mit dem Festland her. Allerdings dient sie nur dem Transport von Gütern und als Verkehrsmittel für die Olander!

Auch zwischen Oland und Langeneß gibt es eine solche Motorloren-Verbindung. Am Halligfuß bildet ein kleiner Priel den **Hafen** von Oland, wo sich eine gemütliche Gastwirtschaft befindet – für uns eine Atempause vor dem Rückweg.

33 Von Niebüll in Emil Noldes Heimat nach Seebüll

Wir starten diese Tour vom Bahnhof Niebüll aus. Auch hier gibt es Räder direkt am Bahnhof zu mieten.

Wir folgen zunächst dem von Tour 31 bekannten Weg zur Aventofter Straße und bleiben etwa neun Kilometer auf dieser Straße Richtung Aventoft, bis wir an einer Kreuzung links eine moderne Windmühle erblicken. Wir biegen links in Richtung »Nolde Museum« und radeln noch etwa drei Kilometer, bis zum Museum und nach **Seebüll**.

Seebüll liegt nahe der dänischen Grenze inmitten der weiten Marschlandschaft an der Nordsee, nicht weit von Tondern und dem Dorf Nolde, wo der Maler 1867 als Sohn eines Bauern geboren wurde. Emil Nolde hat das Haus Seebüll von 1927–1937 nach eigenen Entwürfen bauen lassen.

Im jährlichen Wechsel werden

Niebüll (Bhf.)

wie Ausgangsort (Rundtour)

ca. 42 km

Niebüll –
Aventofter
Straße – Seebüll –
Rosenkranz –
Rodenäs –
Klanxbüll –
Neukirchen –
Niebüll

Straßen und
unbefestig-
ter Weg

Blick von der
Brücke auf dem
Noldeweg bei
Seebüll.

111

Im Sommer umgibt traumhaft schöne Farbenpracht Noldes Haus.

 Emil Noldes Haus in Seebüll, Öffnungszeiten siehe Tour 34

• Café beim Nolde-Haus, Seebüll, siehe Tour 34
• Gaststätte Rasch, 25927 Fegetasch-Neukirchen

• Annenhof, Günter und Ella Matthiesen, Aventofter Str. 57, 25899 Gotteskoog, Tel. 04661/5336

in Seebüll Ausstellungen gezeigt, die einen Querschnitt durch Noldes Gesamtwerk geben.

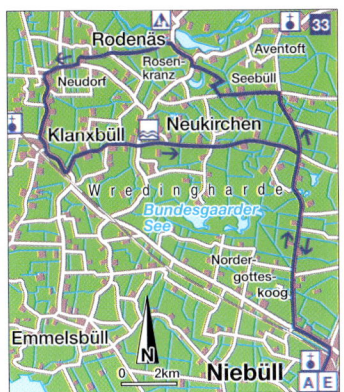

Von Rosenkranz radeln wir nun die Grenze entlang Richtung Rodenäs (ca. 7 km). An der Kreuzung angelangt, biegen wir in den Radweg ein, der uns zunächst nach Klanxbüll führt. Diejenigen, die sich die noch lange Strecke nach Niebüll ersparen möchten, können die Fahrt von Klanxbüll zum Ausgangsort Niebüll mit der Bahn bestreiten. Den noch munteren erwarten in Neukirchen mehrere Einkehrmöglichkeiten, wo man gut und preiswert essen kann. Von Neukirchen steuern wir wieder die Aventofter Straße an, wo wir rechts abbiegen und auf dem selben Weg zu unserem Ausgangsort nach Niebüll zurückkehren.

34 Rundtour von Klanxbüll

Wir beginnen und beenden diese kleine Tour zu Emil Noldes Haus in **Klanxbüll**. Reetgedeckte, blumengeschmückte Häuser erwarten den Besucher, dazu ein herrliches Lokal im friesischen Stil und eine mittelalterliche, reetgedeckte **Kirche**. Das bezauberndste an Klanxbüll jedoch ist sein kleiner, weltvergessener **Bahnhof**, an dem trotzdem alle großen Züge halten. Klanxbüll liegt nämlich an der Hauptlinie nach Westerland. In Klanxbüll kann man sich am Bahnhof Räder mieten, für den Tag oder ein paar Stunden – Zeit genug, um einen Abstecher nach Seebüll zu machen. Wir halten uns am Bahnhof rechts und radeln in Richtung **Rodenäs**, wo die Grenze zu Dänemark verläuft. Der kleine Grenzort wird gern benutzt, um von hier auf die dänische Seite der Küste mit ihren schönen Sandstränden zu gelan-

 Klanxbüll (Bhf.)

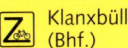 Klanxbüll (Bhf.)

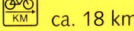 ca. 18 km

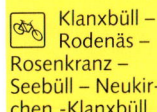 Klanxbüll – Rodenäs – Rosenkranz – Seebüll – Neukirchen -Klanxbüll

 Radwege und normale Straßen

Bahnhof Klanxbüll, wo man auch stundenweise Räder mieten kann.

🏛️ Klanxbüll: Kirche, Bahnhof.
Seebüll: Emil Noldes Haus, Nolde-Museum geöffnet März – Okt. 10–18 Uhr

🍴 • Wiedingsharder Hof, Klanxbüll, während der Saison tägl. geöffnet
• Café beim Nolde-Haus, tägl. geöffnet

🛏️ • Hof Schnurrum/ Hahnenhof, Jutta Heisler, Uthlandweg 6, 25924 Emmelsbüll, Ortsteil Horsbüll, Tel. 04665/514
• Übernachtung im Gästehaus Emil Nolde auf Anfrage: Gästehaus, Stiftung Seebüll Ada und Emil Nolde, 25927 Neukirchen

gen. Wir biegen jedoch in Rodenäs an der Kreuzung nach **Rosenkranz**, radeln den Noldeweg, den schönsten aller Radwanderwege nach Seebüll und nähern uns Emil Noldes Haus (vgl. dazu Tour 33), das jetzt im Sommer traumhaft schöne Farbpracht umgibt. Über **Neukirchen** radeln wir zu unserem Ausgangspunkt Klanxbüll zurück.

Die Insel Sylt

Wie ein feiner Nadelstreifen erhebt sich Sylt, die Königin der Nordsee, aus den Fluten. Verbunden nur durch den **Hindenburgdamm**, eine Meisterleistung des 20. Jahrhunderts, der die Sylter per Bahn auf das Festland bringt. An manchen Stellen scheint der Zug auf dem Wasser zu fahren. Bei Sturmfluten sollen auch die Wellen schon mal über die Schienen geschlagen haben.

Trotz Autoverkehr, Meeresverschmutzung, Sturmfluten, und der Tatsache, daß sich die See jedes Jahr ein Stück mehr von dieser Insel holt (in Hörnum, seiner südlichsten Flanke, ist die Gefahr am größten), ist Sylt von unübersehbarer Schönheit.

Den Rücken zum Watt, das Gesicht zur stürmischen Nordsee ausgerichtet, so versucht Sylt dem »Blanken Hans« durch zahlreiche Küstenschutzmaßnahmen zu trotzen. Ganze 38 Kilometer lang ist Sylt, und an seiner schmalsten Stelle, in Rantum, nur ein paar hundert Meter breit.

Fast zu jeder Jahreszeit haben wir dieses Eiland umrundet. Das schönste im Herbst, Winter und Vorfrühling auf Sylt ist die Ruhe.

Der Radler hat dann die Insel fast für sich. Vergessen sind Verkehrstaus, vergessen die vielen Autos, die sich den ganzen Sommer lang Stoßstange an Stoßstange über die Inselstraßen wälzen.

Radausflüge auf Sylt

Mit dem Zug fährt man bis zum Bahnhof Westerland, wo die DB ausgezeichnete Räder anbietet. Alle Touren starten am Bahnhof Westerland.

Westerland, traditionelles **Seebad** mit dem wohl schönsten **Kurhaus** an der Küste, mit liebevoll gepflegten alten Friesenhäusern und der Flanierstraße *Friedrichsstraße*, mit 7 km langem weißem Sandstrand, auf dem im Sommer die Strandkörbe bunte Leuchtzeichen setzen.

Ländliche Quartiere

Noch immer gibt es auf Sylt bewirtschaftete Bauernhöfe, die in schönster nordfriesischer Tradition den Gast willkommen heißen. Sie befinden sich fast ausschließlich im Ostteil der Insel, und eine Rast vom Radeln ist hier wärmstens zu empfehlen

Fragen Sie bei der Kurverwaltung Archsum, Dorfstraße, Tel. 04651/337-44 oder bei der Kurverwaltung von Keitum, Tel.04651/337-33 an.

Unser »Standbein« ist seit zwölf Jahren das Dachstudio mit Blick zu den Dünen in der Ferienwohnanlage »Hapimag Dünenblick« in der Lorenz-de Hahn-Straße 39 in Westerland. Ebenfalls empfehlenswert ist das Hapimag-Haus Aalborg, Bismarkstraße 6-8, Westerland, unmittelbar neben der Friedrichstraße.

35 Die Nord-Tour bis List

Wir verlassen den *Bahnhof Westerland* und radeln etwa 50 Meter bis zur *Stephanstraße,* wo wir rechts abbiegen und der *Nordmarkstraße* folgen, bis diese in die *Norderstraße* einmündet. Wir fahren weiter nordwärts, vorbei an der Nordsee-Klinik, und nach einer längeren Steigung erreichen wir den Ortsrand der beliebten Familienbades **Wenningstedt**, wo sich das

Am Bahnhof Westerland bietet die Bahn ausgezeichnete Räder an!

Hünengrab Denghoog befindet. Hier können wir den ersten Halt einlegen und der 4000 Jahre alten Steingrabstätte einen Besuch abstatten oder auch das Naturwunder **»Rotes Kliff«**, eine 256 Meter hohe Steilwand, die von Wenningstedt bis Kampen reicht, besichtigen. Das Rote Kliff ist Teil eines Geestrückens, der sich vor 180000 Jahren gebildet hat. Den

Namen hat es vom Geschiebelehm, der in der Abendsonne rot aufleuchtet.

Zurück auf unserem Radweg folgen wir der Straße, bis sie in die Westerlandstraße einmündet, und radeln bis zur Hauptstraße. An der Hauptstraße biegen wir rechts ab und fahren bis zum Wenningstedter Weg, der uns bis nach Kampen führt.

Um einen Blick auf die schönste Lage Sylts zu werfen, sollte man unbedingt eine Teepause einlegen in der Kampener »Sturmhaube«, hoch über dem Strand. Man sieht von hier über die weite Dünenlandschaft bis nach List und das Wattenmeer.

Danach durchqueren wir Kampen auf dem Radweg Richtung Vogelkoje, die wir nach fünf Kilometern erreichen. Die Vogelkoje, einst Wildentenfangstation, ist heute ein wertvolles Naturreservat, und Interessierte sollten sich einer Führung anschließen.

Von hier sind es noch sieben Kilometer über Mellhörn und die Blidselbucht nach List, wo wir gleich den berühmten Königshafen ansteuern. Der nördlichste Hafen Deutschlands hat seinen Namen von einer Seeschlacht, die 1644 in den Gewässern dieses Hafens zwischen Dänen, Holländern

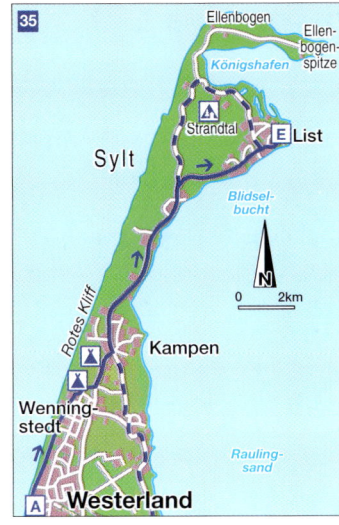

 Westerland (Bhf.)

 List

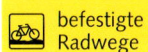 ca. 20 km

Westerland – Wenningstedt – List

Anstieg bei Wenningstedt und Mellhörn

 befestigte Radwege

und Schweden stattfand, wobei der dänische König Christian IV. den »glorreichen« Sieg über die Schwedisch-Holländische Flotte davon trug. Heute ist das Watt des Königshafens Schutzzone des Nationalparks Schleswig-Holsteinisches Wattenmeer. Den Radler erwarten hier draußen am windumtosten Hafen von List Kiosk und Bootshalle Gosch mit kulinarischen Hochgenüssen. Wenn man Glück hat, bedient einen Herr Gosch noch höchstpersönlich, ein gestandenes Mannsbild mit bärbeißigem Humor und von großer Schlagfertigkeit. Unvergeßlich sind seine gegrillten Scampis in Knoblauchsoße, die Fischsuppen und die Lister Krabben-

Westerland: Dorfkirche St. Nils von 1655, Friedhof der Heimatlosen, Kurpromenade.

Strandkörbe, Leuchtzeichen am blütenweißen Strand von Westerland.

🍴 • Friesenka-
te, Kurhaus-
str. 1, 25999
Kampen, Tel.
04651/44022,
tägl. 11.30–
22.30 Uhr geöff-
net;
• Kiosk und Boots-
halle Gosch, List,
tägl. geöffnet

🛏 • FeWo
Hapimag
Dünenblick, Lo-
rens-de-Hahn-
Str. 39, 25980
Westerland

suppe mit Sahnehaube. Und so manches Schnäppchen für den Nachhauseweg kann man auch noch ergattern, wie die geräucherten Lachsseiten, die gerade noch in die Sattelta-sche passen.

Die wohl eigenwilligste Land-schaft von herber Schönheit mit Lister Wanderdünen er-schließt sich dem Radler auf dem Weg durch das Listland bis zum Ellenbogen, dem Naturschutzgebiet zwischen Watt und offener See.

Wir radeln die alte Dorfstraße entlang, bis diese in den »Am Brünk« einmündet. An der nächsten Kreuzung biegen wir rechts ab in den Buttgraben und dann wieder links in den »Am Loo«. Am Ende dieses Weges schwenken wir in den Möwenweg, der uns auf der alten Bahntrasse zum Ellenbo-gen bringt.

Hier angelangt, können wir entweder rechts abbiegen und weitere sechs Kilometer bis zur Ellenbogenspitze fahren oder links in das Strandtal ein-schwenken und dann die fünf Kilometer bis zur Hauptstraße und zu unserem Weg nach Westerland gemütlich zurück-radeln.

36 Der Sylter Osten –
von Westerland nach Tinnum

Diese Tour führt in das Rad-wanderland der Insel.
Vom *Bahnhof Westerland* geht es über den *Kirchenweg*, die *Keitumer Chaussee* und die *Keitumer Landstraße* – vorsicht, der Radweg verläuft hier parallel zur Landstraße und ist zu jeder Saison befah-ren – Richtung Tinnum. Wir bleiben auf der Keitumer Landstraße und lassen vorerst Tinnum rechts liegen. Nach etwa sechs Kilometern errei-chen wir **Keitum** und biegen

links ab Richtung Keitumer Kirche (ca. 1 km).
Keitum ist das schönste Dorf der Insel , und zu unserer großen Überraschung wird hier tatsächlich noch Land-wirtschaft betrieben. Grün ist der Ort: Linden, Ulmen, Buchen, Buchsbaum- und Wildrosenhecken gibt es. Hier finden wir prächtige **Kapitänshäuser**, die sich die Kommandeure der Walfisch-flotten errichten ließen, nach-dem sie es zu Ruhm und Anse-

 Westerland (Bhf.)

 Tinnum (Bhf. Westerland)

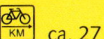 ca. 27 km

Fixpunkt in der Landschaft, St. Severin in Keitum.

Westerland (Bhf.)

Tinnum (Bhf. Westerland)

 ca. 27 km

Kapitänshaus
im grünen
Keitum.

Tinnum:
Tinnum-
burg.
Keitum: St.
Severin, Heimat-
museum, Am
Kliff 19, Tel.
04651/31669,
tägl. außer Mo
10–17 Uhr, Alt-
friesisches Haus,
Am Kliff, Tel.
04651/31101,
tägl. außer Di
10–17 Uhr.
Naturschutzge-
biet Morsum-
Kliff, Infozentum,
ab 1. April tägl.
10.30–18 Uhr

• Nielsen's
Kaffegarten,
Am Kliff, tägl.
außer Di bis 18
Uhr, schöner Blick
aufs Wattenmeer,
Bäckerei

• FeWo
Hapimag
Dünenblick, siehe
Tour 35

hen gebracht hatten. Sie verbrachten hier nach den
bewegten Zeiten auf See den
wohlverdienten Ruhestand.
Keitum wird deshalb auch das
»Dorf der Kapitäne« genannt.
Das **Heimatmuseum Keit-
um** gibt Aufschluß über
Geschichte und Kultur Sylts
und über die Funde aus Grab-
hügeln der Steinzeit und der

Wikinger-Zeit. Das **Altfriesi-
sche Haus** stellt ein gutes Beispiel der hohen Wohnkultur
der Friesen dar.
Nach Besichtigung und Einkehr steuern wir unseren weiteren Weg durch die Marsch
nach Morsum an, vorbei an
der Kurverwaltung (am Tip-
kenhoog) und am *Tipkenhü-
gel*. Dahinter können wir
wählen zwischen einem unbefestigten Wirtschaftsweg
direkt am Wattenmeer ent-
lang (links) und einer befestigten Straße »Gurtmuasem«, die
uns nach etwa fünf Kilometern
nach *Morsum* bringt. Von hier
geht es weiter zum **Natur-**

schutzgebiet Morsum Kliff.

Vom *Morsumer Bahnhof* radeln wir über **Osterende** nach **Archsum** – mit wogenden Getreidefeldern und malerischen, reetgedeckten Friesenhöfen, hinter Hecken und Laubbäumen versteckt. In Archsum halten wir uns rechts und folgen der Dorfstraße Richtung Keitum. Kurz vor dem Hindenburger Damm schwenken wir nach links und radeln über Kaamp, entlang der Eisenbahnstraße (rechter Hand) über Klöwenhoog nach Tinnum. Wahrzeichen ist die Tinnumburg, ein Ringwall aus der Wikingerzeit, um 900 entstanden. Nach der Besichtigung können wir den Radweg entlang der *Keitumer Landstraße* wählen oder auf der wenig befahrenen *Tunumer Straße* zurück zu unserem Ausgangsort in *Westerland* radeln.

37 Der Süden der Insel Sylt – von Westerland nach Hörnum

Attraktion dieser Tour ist die Umrundung des **Rantumer Beckens** auf dem Deich zwischen Wattenmeer und Vogelschutzgebiet.

Wir verlassen den *Bahnhof*

Unterwegs auf dem Rantumer Becken.

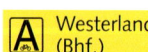

Rantum - Haus am Merret-Lassen-Wai.

A Westerland (Bhf.)

Z Hörnum (Bhf. Westerland)

KM ca. 16 km + 5 km Umrundung des Rantumer Beckens

Westerland – Rantum – Hörnum

gut ausgebaute Radwege

Westerland, überqueren die Busstation bis zur *Hauptstraße Trift*, die in die *Lorens-de-Hahn-Straße* einmündet und uns auf befestigten Radwegen nach Hörnum führen wird. Wir radeln zunächst nach Rantum mit dem Rantum-Becken zu unserer Linken.

Jenseits der Dünen zu unserer Rechten liegen die legendären Strände **Samoa** und **Sansibar**, wo sich auch ein wohlverdienter Imbiss einnehmen läßt.

In Hörnum, das von allen Inselorten der am meisten gefährdete Ort ist, holt sich die See jedes Jahr ein Stück Land, immer dünner wird die Südspitze. Wahrzeichen Hörnums ist sein weithin sichtbarer Leuchtturm, der lange Zeit als Schule diente. Vom Hörnumer Hafen legen die Schiffe ab zu den Nachbarinseln, zu den Halligen und nach Helgoland. Und wer sich in »Sylts sonnigem Süden« preiswert an Fisch sattessen will, kann dies bei »Matthiesen« tun, einem Fisch-Bistro nach Gosch-Vorbild.

Gut gestärkt können wir nun auf unserem Rückweg das Rantumer Becken auf teils unbefestigten Deichwegen umrunden. Wir verlassen Hörnum auf dem asphaltierten Radweg und fahren etwa zehn Kilometer nach Rantum. Bei der Gemeindeverwaltung biegen wir rechts in Richtung *Alte Dorfstraße* ein.

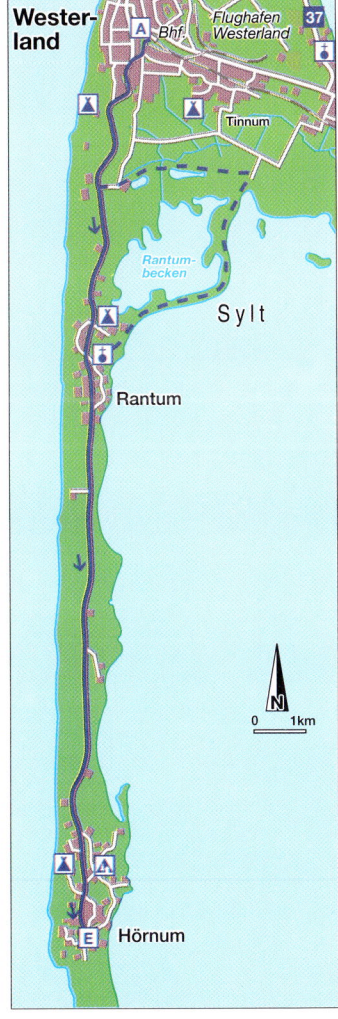

Wir durchqueren dabei das niedrige Gebiet der Rantum-Inge, das regelmäßig unter Wasser stand, und kommen vorbei an den legendären alten Häusern am Merret-Lassen-Wai, benannt nach Merret Lassen, die 21 Kinder hatte. Hier lag Alt-Rantum, das Dorf, das vor 200 Jahren von einer Wanderdüne begraben wurde.

Auf der Alten Dorfstraße setzen wir nun unsere Fahrt fort, vorbei an der immer geöffneten katholischen Kirche Stella Maris, wo unser Weg dann in die *Hörnumer Straße* einmündet.

Nach etwa 500 Metern folgen wir der Beschilderung »*Sylt-Quelle*« auf der *Hafenstraße*, die uns zum äußeren Rand des Rantum-Beckens führt. Noch ein Stück ist der Weg befestigt, dann geht es der Natur zuliebe geschottert weiter.

Das Rantumer Becken mit seinem Schlickwatt ist ein Eldorado für Seevögel, und wir werden für die etwas holprige Fahrt mit reichlichen Naturerlebnissen belohnt.

Am Ende des Deichweges biegen wir dann links ab Richtung *Lorens-de-Hahn-Straße*, benannt nach einem berühmten Sylter Kapitän, und nehmen von hier wieder den Radweg Richtung *Bahnhof*.

Alt-Rantum: Häuser am Merret-Lassen-Wai. Rantumer Becken. Hörnum: Hafen, Leuchtturm

• Fisch-Matthiesen, Rantumer Straße, 25997 Hörnum
• Friesenkate, Strandweg 37, 25997 Hörnum, Tel. 04653/250, tägl. geöffnet

• FeWo Hapimag Dünenblick, siehe Tour 35

Informationen zum Bahnradeln

In einer Zeit, da die Straßen und Autobahnen vom Verkehrsinfarkt bedroht, das Autofahren für Mensch und Umwelt zur Belastung geworden ist, sollten wir uns wenigstens für die Freizeit Ferien vom Auto gönnen. Bahncard, Familienpaß, Supersparpreis und Sparpreis bieten auch finanziellen Anreiz, das Auto in der Garage zu lassen.

Die Bahn macht es möglich, jede gewählte Region sicher und bequem zu erreichen. Kein Streß auf der Straße, kein umständlicher Fahrradtransport auf dem Auto, nein, ausgeruht und entspannt fährt man im Zug dem Reiseziel entgegen, hat Zeit und Muße, sich auf die Landschaft einzustimmen, ehe man sie mit allen Sinnen auf dem Fahrrad erfährt. Die Bahn bietet am Zielbahnhof oder über einen Privatanbieter in Bahnhofsnähe Räder, die zu einem geringen Tagessatz ausgeliehen werden können.

Erkundigen Sie sich unbedingt schon vor Reiseantritt nach den Öffnungszeiten Ihres Vermietbahnhofes! Dies empfiehlt sich insbesondere dann, wenn die Radtour an Wochenenden oder an Feiertagen geplant ist. Empfehlenswert ist ebenfalls eine Voranmeldung der benötigten Fahrräder, dies gilt besonders für Gruppenbestellungen! In der Regel genügt ein Anruf beim Zielbahnhof. So jedenfalls haben wir es bei unseren Touren gehandhabt.

Fahrradrückgabe

Die Rückgabe des Fahrrades erfolgt in der Regel beim Vermietbahnhof oder dem Privatanbieter. Dieser teilt Ihnen mit, ob und an welchen Bahnhöfen sonst noch eine Rückgabe möglich ist, und welches Entgelt hiefür zusätzlich zu entrichten ist.

Falls Ihnen die Radtour so gut gefallen haben sollte, daß Sie noch einen Tag verlängern möchten, verständigen Sie bitte vor Ablauf des Mietvertrages telefonisch Ihren Vermietbahnhof, denn eine Verlängerung ist nur nach vorheriger Rücksprache möglich. Bitte bedenken Sie, daß Ihre Fahrräder für weitere Kunden benötigt werden! Die Nachgebühr wird bei der Rückgabe erhoben. Bei vorzeitiger Rückgabe des Fahrades kann ein anteiliger Mitpreis nicht erstattet werden.

Fahrräder im Zug

Bei längeren Touren empfiehlt sich eine Fahrradmitnahme im Zug. Züge mit Fahrradbeförderung sind im Fahrplan mit einem Fahrradsymbol gekennzeichnet. Eine Mitnahme ist in folgenden Zügen möglich: Regional-Schnellbahnen (RSB), Eilzüge (E), City-Bahn (CB), Regionalbahnen (RB), Inter-Regio (IR) und zum großen Teil auch im Intercity (IC). Mit der Fahradkarte kann das Fahrad besonders preiswert bis zum eigenen Reiseziel transportiert werden. Voraussetzung ist, daß Sie Ihr Fahrrad selbst zum Gepäckwagen bringen, es dort wieder abholen und erforderlichenfalls unterwegs umladen, wenn Sie umsteigen. Die Bahn nimmt Ihnen diese Mühe ab, wenn Sie Ihr Fahrrad als Reisegepäck aufgeben. Doch besonders für eine verlängerte Wochenendtour und für Kurztouren bietet der Radverleih am Bahnhof große Vorteile, denn immer finden wir gut gewartete Räder vor, und wir können die Bahnreise »in vollen Zügen« genießen. Nach eigener Erfahrung können bereits wenige Tage Bahn-Rad-Urlaub ein völlig neues Lebensgefühl vermitteln: Die Seele baumeln lassen – die Bahn macht es möglich, denn auch der Rückweg ist Erholung, läßt der körperlichen Anstrengung auf dem Rad die Ruhephase im Zug folgen. Aber leicht bepackt sollte man reisen, so daß man am Zielort seinen Drahtesel und sich selbst nicht zu sehr strapaziert.

Fahrad, Ausstattung und Gepäck

Am besten eignet sich ein gutes Tourenrad mit der richtigen Rahmengröße, so daß das Bein richtig durchgestreckt ist.

Ihr Rad braucht keine zahllosen Gänge, es muß vielmehr verkehrssicher sein: Also achten Sie bitte auf gute Bremsen, gute Beleuchtung gemäß der Verkehrsvorschrift und einen bequemen Sattel mit guter Federung, denn die Radtour soll keine »Tortour« sein, sondern ein echter Genuß!

Unerläßlich sind natürlich eine zuverlässige Luftpumpe und das Radflickzeug, die stets griffbereit sein sollten!

Als sehr nützlich haben sich eine wasserdichte Lenkertasche mit Klarsichtfolie für das Kartenmaterial und ein Korb vor dem Lenker erwiesen, da man dort Kamera, Sonnenbrille, Thermosflasche etc. und sogar ein Picknick mitnehmen kann.

Unerläßlich ist außerdem noch die Radflasche am Rahmen mit einem mineralhaltigen Getränk.

Zum Gepäck gilt die Faustregel für große Touren: 10 kg auf 2 Satteltaschen verteilt. Dabei kommen schwerere Gepäckstücke nach unten, die leichteren nach oben, und quer darüber die Regenbekleidung – griffbereit in der Plastikhülle, die zugleich Regenschutz für die Satteltaschen ist.

Kartenmaterial

Rügen: ADFC-Radtourenkarte Nr. 4, Rügen/Vorpommern (1:150 000), BVA

Ostfriesland: ADFC-Radtourenkarte Nr. 5, Ostfriesland/Emsland (1:150 000), BVA; Freizeitkarte Ostfriesland und Inseln

Schleswig: ADFC-Radtourenkarte Nr. 1, Nordfriesland/Schleswig (1:150000), BVA

Holstein: ADFC-Radtourenkarte Nr. 2, Holstein/Hamburg (1:150 000), BVA

Nordfriesland (Sylt): ADFC-Radtourenkarte Nr. 1, Nordfriesland/Schleswig (1:150000), BVA

Bekleidung

Auf Fahrradtouren sollte Ihre Bekleidung leicht und wärmend zugleich sein, am besten haben sich im Sommer Baumwollsachen bewährt. Pullover oder Kapuzenjacken zum schnellen Überziehen sind recht nützlich – auch hier ist das »Zwiebelprinzip« zu empfehlen. Wichtig sind wasserdichte, leichte Schuhe mit guten Profilsohlen, damit man nicht von den Pedalen rutscht.

Hervorragende Dienste leistet ein kanariengelber Regenponcho, den man außerdem über das Lenkrad spannen kann, was den Vorteil hat, daß man im Trockenen radelt und nicht ins Schwitzen gerät, wenngleich man dem Wind eine größere Angriffsfläche bietet. Die gelbe Farbe des Umhangs gewährleistet auch bei schlechtem Wetter, daß Sie von anderen Verkehrsteilnehmern nicht übersehen werden. Allerdings macht er nicht die wasserdichte Beinkleidung überflüssig. Diese ist besonders wichtig, wenn man längere Etappen im Regen trocken überstehen will.

Verpflegung

Leichte Kost ist angesagt, die vielen Rastplätze sollte man nicht unbeachtet und Picknick-Pausen keinesfalls auslassen. Haltbar, dazu schmackhaft und gesund, sind Vollkornbrot, Schnittkäse, geräucherte Wurst, außerdem Müsliriegel. Zum mitgeführten Picknick gehört unbedingt frisches Obst – Äpfel, Bananen (Kalium-Spender). Verzichten Sie an besonders heißen Sommertagen auf die leicht schmelzende Schokolade und darauf, Milch und Milchprodukte wie Joghurt oder Quark, mitzunehmen, da sie bei Hitze schnell verderben. Stattdessen haben sich Mineralwasser, ungesüßter, naturreiner Fruchtsaft und – möglichst ungesüßter – Früchtetee bewährt. Auch wenn es paradox klingt: Bei großer Hitze verschafft heißer Tee etwas Abkühlung!

Reiseapotheke

Heftpflaster, Schere, Sonnenschutz mit hohem Lichtschutzfaktor sowie

125

Insektenschutzmittel sollten Sie unbedingt griffbereit haben.

Wer für alle (Not)Fälle gerüstet sein will, kann auch ein Mittel gegen Wundinfektion, eines gegen Durchfallerkrankungen sowie ein leichtes Schmerzmittel mitnehmen. Besonders wer allein radelt, sollte neben seinem Ausweis vielleicht auch seinen Allergie- oder Impfpaß mitnehmen sowie eine Notiz, auf der Name, Blutgruppe, evtl. Krankheiten (Diabetes, Herz-Kreislauf-Schwäche usw.) sowie Krankenkasse und Telefonnummern von Angehörigen stehen.

Bedenken Sie aber auch bei aller Vor- und Weitsicht: Sie gehen nicht in den Dschungel, sondern machen eine Radtour . . .

Fahrradtouren

Die Dauer der Tour, der Grad der Steigung sowie die Beschaffenheit der Wege sollten der Kondition angepaßt sein. Die angegebenen Radreisen sind allesamt Kulturreisen, und man sollte sich mindestens so viel Zeit zum Sehen nehmen wie zum Radeln!

Die Faustregel heißt: Nehmen Sie sich nicht zu viel für den ersten Tag vor und steigern Sie sich langsam.

»Hofberichte« oder die ideale Unterkunft

Eine wahre Wonne war stets die kurze wie die längere Rast auf Bauernhöfen mit Gästezimmern: von Nord bis Süd nur positive Erfahrungen! So ist es auf den meisten Höfen üblich, daß der Gast vom Bahnhof/ Bahnbus abgeholt wird. Auch ist man inzwischen so radlerfreundlich, daß viele Höfe für ihr Gäste sogar Räder bereithalten. Ein Angebot, von dem wir ebenfalls Gebrauch machten. Es bietet sich besonders dann an, wenn man »seinen« Hof gewählt hat, um länger zu bleiben.

Gepäcklos radelt man dann ab dem Hof die Touren sternförmig ab und hat abends das gewohnte, liebgewordene Quartier.

Ob im Norden oder im Süden, die Gastfreundlichkeit auf dem Lande war nicht zu überbieten, so daß wir die Radferien auf dem Lande von ganzem Herzen weiterempfehlen möchten. Preiswert, gut und familien-

freundlich – so lebt sich's auf dem Bauernhof! Ideale Voraussetzungen für gelungene Radlerferien!

Wußten Sie, daß es in Deutschland weit über 5000 Höfe gibt, die Gästezimmer bzw. Ferienwohnungen anbieten? Sie finden sie alle im Katalog »Raus auf's Land - Urlaub auf dem Bauernhof«, Landschriftten-Verlag, Heerstr.73, 53111 Bonn.

Fahrradtouren mit Kindern

Lassen Sie die Kinder schon bei der Auswahl der Tour teilhaben.

Wählen Sie Ihre Tour, deren Länge und Schwierigkeitsgrad nach Alter und Konstitution Ihrer Sprößlinge aus. Legen Sie unterwegs öfter einmal Pausen ein.

Für Regentage oder lange Pausen empfehlen sich Taschenbücher und Gesellschaftsspiele sehr, wie das »Lok-Quartett«, das Quizspiel »Faszination Eisenbahn« oder die DB-Spiele der Familie Feuerstein.

Auch eine unterhaltsame Lektüre sollte in Ihrem Reisegepäck nicht fehlen.

Ortsregister